Documenta Missionalia 38

La riscoperta dell'identità religiosa

Un dialogo interdisciplinare

a cura di FELIX KÖRNER

Redazione: DIMITRIOS KERAMIDAS

Cover: Serena Aureli
Layout: Lisanti srl - Roma

© 2013 Pontifical Biblical Institute
Gregorian & Biblical Press
Piazza della Pilotta 35, 00187 - Roma
www.gbpress.net - books@biblicum.com

ISBN 978-88-7839-**246**-5

Identità in dialogo

«La "porta della fede", che introduce alla vita di comunione con Dio e permette l'ingresso nella sua Chiesa, è sempre aperta per noi» (*Porta Fidei*, Lettera apostolica in forma di Motu proprio, n. 1).

Con queste parole Papa Benedetto XVI ha invitato la Chiesa alla celebrazione di un *Anno della fede* (2012-2013). Benedetto XVI cita l'Evangelista Luca che racconta come Dio abbia agito con gli apostoli aprendo ai popoli la *thyra pisteōs*: la porta della fede (Atti 14,27). La fede viene così descritta come l'ingresso nella vita, cioè nella comunione con Dio.

Chi sta di fronte a questa porta? Sono persone che hanno domande e punti di vista che meritino il nostro interesse. Gli incontri sulla soglia di questa porta contengono una forza innovativa anche per la comprensione stessa della fede. Ma, certamente, ogni incontro comporta un rischio. Ciò che avviene attorno alla porta della fede può cambiare anche coloro che pensano di aver già compiuto il passo decisivo. Potrebbe anche suscitare paura sentire che ciò che pensavamo di essere, la nostra auto-definizione, deve cambiare. Viene cambiata la mia identità?

La mia identità infatti non è creata attraverso la mia auto-definizione; «sarebbe troppo poco se il cristiano con la sua decisione per la propria identità interrompesse, per così dire, in base alla sua volontà, la via verso la verità. Allora il suo essere cristiano diventerebbe qualcosa di arbitrario, una scelta semplicemente fattuale. Allora egli, evidentemente, non metterebbe in conto che nella religione si ha a che fare con la verità.» Così Benedetto XVI in occasione della presentazione degli ultimi auguri natalizi della Curia Romana nel 2012; ma se osiamo intraprendere quest'esplorazione della verità a noi indisponibile, non ci ritroveremo in un viaggio periglioso, non vi perderemo la nostra identità? Sempre Benedetto XVI nel discorso natalizio, che potrebbe essere considerato come un suo testamento: «il cristiano ha la grande fiducia di fondo, anzi, la grande certezza di fondo di poter prendere tranquillamente il largo nel vasto mare della verità, senza dover temere per la sua identità di cristiano. Certo, non siamo noi a possedere la verità, ma è essa a possedere noi: Cristo, che è la Verità, ci ha presi per mano, e sulla via della nostra ricerca appassionata di conoscenza sappiamo che la sua mano ci tiene saldamente.»

L'identità offerta da Cristo non è la definizione di ciò che siamo; è piuttosto la vocazione a ciò che possiamo diventare. Accettata in fiducia, questa vocazione ci guida in luoghi di incontri intorno alla *porta fidei*; e questi incontri possono diventare momenti di testimonianza e ascolto. Il prestare attenzione alle parole degli altri è un'occasione preziosa, perché, secondo Benedetto XVI, «mediante l'ascolto dell'altro, ambedue le parti possono trovare purificazione e arricchimento». Così l'incontro può diventare una «riscoperta dell'identità religiosa», come diciamo nel titolo di questo libro.

I seguenti testi cercano di approfondire la realtà dell'esperienza da sei diversi punti di vista. I contributi sono frutto di una serie di conferenze tenutesi nell'anno 2011 nella Pontificia Università Gregoriana dal titolo: *Identità e religioni. Esperienze e riflessioni nel dialogo interreligioso.*

La Prof.ssa Ilaria Morali ha fatto preziosi suggerimenti nella preparazione delle lezioni. Il Dott. Gerardo Ferrara e il Dr. Dimitrios Keramidas hanno reso pregevoli aiuti durante lo svolgimento del percorso accademico; il Dr. Keramidas ha anche curato con insistenza la redazione dei testi di questa pubblicazione. A loro, agli autori e anche agli studenti che hanno fatto di questa seria di conferenze un momento di profondità e creatività vorrei ringraziare cordialmente.

Felix Körner S.J.

S.E. CARD. JEAN-LOUIS TAURAN

L'identità cattolica nell'incontro interreligioso
Perché e come la Chiesa si mette in dialogo

Quand'ero studente, entrando nel quadriportico della Gregoriana, una cosa attirava spesso la mia attenzione: la scultura del Risorto che si trova al centro della Vostra Università. Anche oggi l'ho osservata in silenzio pensando: "Cosa ci si potrebbe aspettare diversamente in un'Università affidata alla Compagnia di Gesù?". Il gesto del Cristo rappresentato è un movimento che esprime il mandato missionario. Il Signore dice ai Suoi: *"Andate!"*. Per me, questo mandato è sempre stato un ottimo *memorandum*. Ci ricorda sempre che essere discepoli di Gesù implica una pesante responsabilità. È da noi che il Risorto vuole essere testimoniato nel mondo di oggi!

Il mondo delle diversità religiose

Il nostro studio teologico è, per così dire, sempre coinvolto da questa mano del Signore che ci invia. Infatti, la dinamica del Vangelo crea un'‹estroversione teologica›: quel mandato vuole spingerci a volgere lo sguardo, l'attenzione, anzi, tutta la nostra esistenza verso le realtà nelle quali vivono gli uomini di oggi.

Vediamo oggi più chiaramente come un elemento strutturante delle realtà dei nostri contemporanei sia la loro esperienza delle diversità religiose. Per gli uomini di oggi le religioni possono essere una sorgente stimolante di orientamento etico, di motivazione sociale e di risposta a tante domande inquietanti: "Da dove veniamo?", "Dove andiamo?", oppure "Chi siamo in verità?" o anche, "Chi si prenderà cura di noi?".

In primo luogo, queste risposte, così come sono offerte dalle religioni, ci *interessano* nella loro varietà. Se vogliamo comprendere gli uomini e il mondo, dobbiamo anche ascoltare le interpretazioni proposte dalle loro prospettive di credenza; e le loro risposte possono aiutarci a capire, esprimere e apprezzare la nostra fede personale in maniera più profonda. La comprensione dell'altro e la comprensione di noi stessi fanno parte di un'unica dinamica esistenziale. Quindi un primo motivo che spinge la Chiesa a porsi in dialogo con le religioni è perché *vogliamo comprenderci meglio*.

In un secondo luogo, le religioni, o piuttosto i loro seguaci, sono anche diventate, in forma traumatica, una fonte di scontro. Gruppi e persone cercano di giustificare con motivi religiosi la pretesa di una superiorità. Un privilegio sembra allora facilmente accettabile con una certa giustificazione religiosa. Anzi, gli uomini addirittura uccidono adducendo motivi di fede. Probabilmente non sentiamo ancora abbastanza la perversità di questo abuso. La stessa forza che potrebbe orientare e motivare l'uomo per il servizio del prossimo viene stravolta come ideologia discriminatoria. Quale può essere allora il ruolo del dialogo interreligioso in questo caso? Aprendoci all'incontro, possiamo contribuire a una *riconciliazione* fra *le parti*. Quando i rappresentanti di diverse religioni si mettono insieme, già il fatto di riunirsi sprigiona da sé una forte carica simbolica. La benevolenza dei *leader* che si ritrovano anche in momenti di tensione dolorosa è spesso criticata; ma quando i responsabili si mettono intorno a un tavolo esprimono già prima di ogni parola un segno dell'aspirazione umana all'unità e alla pace tra le persone.

La conflittualità è insita nella struttura umana: non riusciremo a sanarla attraverso un progetto di negoziazioni. Inoltre, la comprensione del dialogo interreligioso come negoziazione può anche generare un malinteso. Non negoziamo la fede infatti, e l'obiettivo del dialogo non è la creazione di un'unica religione per tutti, quasi un Esperanto religioso. Il tentativo di trasformare la diversità religiosa in un'uniformità si basa spesso sull'opinione che si potrebbe creare la pace nel mondo attraverso lo sviluppo di un'unica religione mondiale. Ma questa ipotesi mi sembra esagerata. La diversità religiosa non è la vera causa dei conflitti. Una differenza, o etnica o sociale, o di opinione o religione, non crea necessariamente degli scontri. La discriminazione, l'odio e la brutalità sorgono piuttosto laddove gli uomini perdono il desiderio costruttivo di vivere insieme in modo riconciliato e fruttuoso, nonostante le loro differenze. Perciò, nei contesti polemici, un dialogo mantenuto è un gesto potente di benevolenza, una mano tesa per la cooperazione pacifica, un'espressione di disponibilità. Il dialogo è un segno della speranza che possiamo capirci di nuovo.

Dopo l'interesse per l'altro e la speranza della riconciliazione, c'è una terza ragione del dialogo interreligioso. Abbiamo qualche volta l'impressione che il contenuto del Cristianesimo non sia veramente conosciuto. La presentazione superficiale della nostra dottrina in Paesi a minoranza cristiana, i pregiudizi sul significato della nostra fede e anche il cattivo esempio che talvolta noi stessi diamo possono travisare e stravolgere la verità cristiana. È questa verità nella sua completezza che siamo chiamati a offrire al mondo. Un incontro può avere lo scopo di *informare* gli interlocutori in modo equilibrato su ciò che siamo. Durante un incontro genuino si possono anche toccare questioni scottanti e incomprensioni. Possiamo menzionare dove troviamo erroneamente interpretata la missione di Gesù, il contenuto del Vangelo, l'etica cristiana; ma possiamo anche cercare di correggere equivoci sul linguaggio, sull'azione e la storia della Chiesa. Possiamo cogliere in questo modo, con tanta semplicità, le situazioni dove la presentazione del cristianesimo è da migliorare, particolarmente nei contesti pedagogici; e possiamo offrire informazioni e interpretazioni illustrando le motivazioni storiche e le loro giustificazioni scientifiche. Così, in un atteggiamento sobrio e pacato, come ci si aspetta avvenga fra gli studiosi, possiamo anche favorire una testimonianza più adatta della nostra fede senza suscitare paura o rifiuto.

Comunque, il dialogo si vive sempre con una speranza di cambiamento non solamente nei riguardi degli altri, ma consapevoli che ogni processo veramente dialogico è una strada a doppio senso. Ogni incontro con delle persone con altre credenze può diventare un momento di autocritica e di approfondimento personale e, in questo senso, di conversione anche per noi stessi. Come mai?

Le sfide dell'incontro

La Chiesa cattolica cerca attivamente l'incontro con i membri delle altre religioni; e ho appena provato a spiegare il "perché". Adesso è necessario chiederci anche "come". Cerchiamo quindi di descrivere quale potrebbe essere il metodo cattolico del dialogo interreligioso.

Se prendiamo sul serio la dialogicità di un incontro, non possiamo già predisporre un certo numero di passaggi previsti, tantomeno una strategia per trarre dei vantaggi. Ogni situazione pone nuove domande, ogni contesto richiede un'attenzione acuta e diversificata. È proprio questa attenzione, questa finezza che dobbiamo imparare, se vogliamo essere fedeli alla nostra vocazione di testimoni di Cristo oggi. Perciò sarebbe molto più fedele al Vangelo e realistico curare una nuova e costante consapevolezza delle *sfide* nel dialogo, rispetto a un'agenda rigida e programmata. Se riusciamo a nominare tali sfide con una certa accuratezza, possiamo vedere più chiaramente i rischi e i pericoli degli incontri interreligiosi, ma anche le loro opportunità.

Per la teologia, così come per il *sensus fidelium,* il dialogo interreligioso suscita domande assai impegnative: "Possiamo tradire il coraggio delle comunità minoritarie nella loro testimonianza con una cortesia ingenua? Vogliamo infrangere la continuità nella trasmissione della fede al prezzo di una pace ipocrita? Intendiamo offuscare la chiarezza evangelica arrivando a dei compromessi dottrinali?".

Queste domande ci pongono davanti a una sfida. Si tratta della *sfida dell'identità*; ma la sfida dell'identità non la incontriamo solamente nel dialogo interreligioso. L'identità in crisi è piuttosto una caratteristica del nostro tempo, come lo è anche la difesa artificiale di ciò che si pensa sia un'identità. Proprio quando gli uomini vivono il disagio di non sapere chi sono, possono ritrovarsi in una vera ossessione per la propria identità. L'identità non è ciò che si afferma con vigore e ciò che si definisce a parole. La sfida dell'identità ci dà l'occasione di riflettere teologicamente su ciò che la Chiesa è veramente.

Siamo mandati per testimoniare il Risorto in ogni contesto, anche nelle controversie. Ma il Vangelo, essendo testimonianza di una serie di eventi, non è mai stato definito in un'unica formula linguistica che potrebbe sostituire la pluralità delle espressioni della Fede. Perciò è richiesta al cristiano cattolico una triplice fedeltà: un umile senso di appartenenza alla *storia* di Cristo, alla *persona* di Cristo e al *corpo* di Cristo. Il Vangelo ha sempre richiesto nuove forme di espressione, anche nuove parole. Non avrebbe senso predicare oggi come si predicava negli anni Settanta; sarebbe insignificante riprodurre nel ventunesimo secolo l'arte religiosa dell'Ottocento; così come per la Chiesa Rinascimentale tante forme di vita cristiana odierna non avrebbero alcun valore. Fin dall'inizio della Chiesa – motivo frequente di confusione per gli interlocutori non cristiani – c'erano diverse maniere di esprimere autenticamente la buona notizia di Gesù e, perciò, esistono anche diversi vangeli canonici. Ogni luogo, ogni comprensione preesistente, ogni situazione culturale richiedeva maniere diverse per dire la stessa cosa, per testimoniare lo stesso Cristo. Per l'omologia della confessione cristiana non era mai sufficiente la ripetizione verbale. Fino a oggi, l'identità della dottrina cristiana attraverso i tempi e gli spazi non si lascia garantire unicamente attraverso le parole; l'identità cristiana consiste nella sua peculiarità nell'appartenenza a Cristo. La vita nella comunione con Cristo è l'identità cristiana. Si tratta di una *comunione intima* con Lui nella nostra preghiera, di una *comunione responsabile* con Lui nel nostro tentativo di condividere il suo stile di vita, e di una *comunione visibile* con Lui nella Chiesa. Quindi il criterio dell'identità cattolica è la partecipazione alla vita della Chiesa, alla sua preghiera, al suo servizio cristoforme e anche, certamente, nella professione verbale della testimonianza. La sfida dell'identità ci chiama alla responsabilità di parlare in solidarietà con la Chiesa e allo stesso tempo con una convinzione personale.

L'identità non è quindi qualcosa che possiamo creare noi, né attraverso un'ostinazione ripetitiva, né con un opportunismo effimero. Un'identità è piuttosto ciò che si scopre come la crescita dell'unità nella vita personale, quando è vissuta nella fedeltà al proprio mandato. Possiamo, proprio nel dialogo, vedere come la nostra identità sia una continua dinamica di scoperta, di vita e di approfondimento. Il cristiano scopre la propria identità nel suo mandato; il cristiano vive la propria identità nella fedeltà al suo compito e a coloro ai quali è stato inviato; il cristiano approfondisce la sua identità nell'ascolto di Colui che continua a fidarsi di noi e mandarci nel mondo. Perciò vivere la nostra identità richiede una conoscenza dinamica della nostra tradizione e, in modo particolare, molta saggezza. Secondo me, possiamo trovare tale saggezza per vivere l'identità Cristiana solamente in una comunione profonda con Gesù.

Incrociamo la sfida dell'identità se riflettiamo sulla nostra consistenza cristiana; ma non solamente in ciò. Entrando in contatto con persone di credenza diversa, possiamo anche scoprire la bellezza della devozione dell'altro, l'impegno impressionante, qualche volta anche eroico, la sua fiducia e spesso una disponibilità esemplare ad aiutare gli altri. Tutto questo può essere sostenuto da una sicura convinzione nella propria credenza. Nel dialogo interreligioso, un'identità religiosa incontra un'altra identità religiosa. E adesso ci troviamo di fronte a una nuova sfida, che vorrei chiamare *la sfida dell'alterità*.

Conosciamo forse una tendenza a dichiarare ciò che troviamo di bello nell'altro come un fattore universale; sarebbe facile affermare che in questa bontà si mostra l'umano-comune. Ma una tale generalizzazione sembra abbastanza superficiale. Forse la pretesa della quasi identità di tutti gli uomini cerca di evitare il confronto con ciò che costituisce una vera differenza. Alcuni nostri *partner* nel dialogo interreligioso agiscono con un'intuizione ugualmente generalizzante. Sembra che vogliano vederci come un'altra versione della loro tradizione. Ma non siamo a nostro agio quando sentiamo tali integrazioni della Fede cristiana dentro a un sistema non cristiano; e questo disagio è ragionevole.

Se la Chiesa è confusa con altre religioni, sono inevitabili i fraintendimenti sull'unicità di Cristo. La Chiesa infatti compie il suo mandato salvifico testimoniandolo come insostituibile. Perciò, in un vero incontro, ci troviamo sempre anche di fronte alla scoperta di un'alterità insuperabile. In una maniera analoga, e quindi anche profondamente diversa, la dinamica dell'alterità è anche sperimentata nell'incontro con la divinità di Dio. Grandi sono le tentazioni nel dichiarare ogni Sua alterità come superabile; ma il discernimento nell'incontro con il mistero di Dio richiede anche il riconoscimento della vita divina come una sorpresa sempre nuova, una sfida che rimane sempre altra. – Possiamo imparare dall'incontro con Dio il rispetto, la meraviglia, l'adorazione e un atteggiamento più umile per i nostri incontri interreligiosi. Ci troviamo infatti sempre di fronte alla sfida dell'alterità. È forse attraente provare a eliminarla; ma siamo chiamati a convivere con tale alterità con discrezione. Non possiamo sempre comprendere l'altro, non possiamo sempre trovare una buona risposta alle sue domande e richieste. Ma, nell'incontrare persone di un'altra fede, mi sembra fondamentale ammettere anche le nostre difficoltà, le nostre ferite. Fa parte della testimonianza cristiana non nascondere i nostri punti deboli; e qui ci troviamo di fronte a una terza sfida nel dialogo interreligioso. Vorrei chiamarla *la sfida della sincerità*.

Secondo la mia esperienza, un processo dialogico spesso dimostra la seguente dinamica: dopo un certo entusiasmo da ogni parte, a causa dell'incontro di posizioni assai diverse, uno dei membri sente la necessità di toccare qualche questione problematica e dolorosa; ad esempio parlando della discriminazione sociale che vivono le minoranze. Durante un dialogo cattolico-musulmano, una tale osservazione può essere giustificata da entrambi gli interlocutori. Una volta menzionata, l'osservazione critica spinge il dialogo a un punto cruciale. Menzionare i problemi non è una rottura del rapporto. Al contrario, può essere un segno di fiducia nel processo dialogico. Se vogliamo veramente avanzare, dobbiamo anche identificare gli ostacoli che impediscono il progresso pacifico. Siamo rappresentanti di comunità che vivono nel dolore dei fraintendimenti. Quindi dobbiamo parlare sinceramente.

Ma è richiesta in questo caso una sincerità molteplice. Devo riconoscere che il mio interlocutore spesso non è responsabile per i problemi che devo menzionare. Mai dobbiamo parlare senza il rispetto per la dignità dell'altro. Anche un tale riconoscimento fa parte della nostra sincerità; e devo inoltre riconoscere che neanche noi siamo perfetti. Ancora oggi ci sono purtroppo dei cristiani che non riconoscono ai membri di altre religioni i loro diritti. La libertà religiosa, così come formulata dalla *Dignitatis humanae* (n. 2 e 3), include il diritto di praticare la propria religione pubblicamente; e questo vale anche per le minoranze. Fa parte della sincerità del dialogo anche il non accettare, per dimostrarsi gentili, ogni critica avanzata. Si deve infatti talvolta cercare di correggere dei pregiudizi e delle interpretazioni esagerate. La sincerità del dialogo richiede di non sopravvalutare il proprio ruolo: cerco infatti di compiere il mio mandato con ciò che ho e sono – ma so anche che a volte non è nelle nostre possibilità cambiare la storia umana.

Libertà e conversione

La Chiesa è inviata ovunque per incontrare gli uomini laddove vivono. Senza dubbio questo è il significato del gesto di Cristo Risorto; ma le parole del mandato non sono da ridurre solo all'imperativo: "Andate!". Il mandato missionario contiene l'impegno del *"Docete"*, com'è scritto anche sotto la scultura qui in Gregoriana. "Insegnate a tutti i popoli", si può tradurre. Abbiamo qualcosa da narrare e spiegare che libera ogni persona umana. Conoscere la nuova legge apportata da Cristo, l'amore che assume il rischio di donarsi, può dare a ciascuno un orientamento per il proprio agire e le proprie decisioni. Conoscere l'annunzio di Cristo, l'arrivo del Regno di Dio, può suscitare in ogni uomo una speranza profonda. Conoscere gli eventi della sua vita, la sua morte, la sua risurrezione libera ogni uomo donandogli una gioia impossibile da trovare altrove. Quindi il *docete* è un compito insostituibile e spesso anche molto bello. Perciò l'entusiasmo dell'annunzio è parte integrante della vita della Chiesa. In questo senso, anche la missionarietà della Chiesa è un segno della sua autenticità.

Siamo infine la Chiesa "apostolica", e oggi la nostra missione sembrerebbe screditata. Parlare della missione sembra imbarazzante, e presentare a un non cristiano la nostra fede sembra essere "politicamente scorretto". Perché questa sfiducia di fronte alla missione oggi? Certamente ci sono stati dei cristiani all'epoca del colonialismo che hanno abusato della collaborazione con le istituzioni del potere temporale. Lo slancio per l'annunzio del Vangelo è stato mescolato con la tentazione di prevalere. Ma la sfiducia rispetto alla missione della Chiesa non è sempre fondata sulla storia; nasce spesso da un'insicurezza. Oggi una convinzione esistenziale, vissuta in fedeltà e con la pretesa che essa possa avere un significato per tutti gli uomini, sembra provocatoria. Una tale convinzione è facilmente vista come disturbo alla tranquillità della società.

La mia risposta a questa paura della missione cristiana ha tre livelli. In primo luogo possiamo affermare, a *livello socio-politico*, che la libertà religiosa è sempre un buon indicatore per la stabilità di una società. Se uno Stato non può garantire la libertà dei cittadini di permettere e accettare una religione, sta dimostrando che vi sono gravi problemi nel suo sistema legale e nel suo equilibrio sociale. Il secondo livello è quello della *carità*. Noi siamo la Chiesa che vuole "evangelizzare", cioè trasformare il volto della terra nel senso del Vangelo. Il nostro progetto non si riduce al conferimento del battesimo. Anche per gli uomini che non vogliono diventare cristiani, contribuiamo a una vita più dignitosa: con le nostre istituzioni di educazione, di cura e di sviluppo sociale. E il terzo e più profondo livello di ogni riflessione sulla missione deve essere *teologico*; e qui possiamo dire con molta semplicità che non possiamo provocare noi delle conversioni. Una conversione è, piuttosto, l'incontro di due libertà: la libertà di Dio si rivolge alla libertà di una persona umana, e viceversa. Una conversione è un mistero che richiede il nostro profondo rispetto. Tutto ciò che ci è concesso di fare è creare lo spazio per un tale incontro fra il Signore e una persona nella sua libertà. Ogni pressione sarebbe un'indiscrezione, anzi, una distruzione dell'autenticità di tale rapporto personale che si crea qualche volta, e in tanti altri momenti non avviene.

Forse dimentichiamo che il *docete* del Vangelo di Matteo non ha solamente il significato di "insegnate!". Il μαθητεύσατε di Matteo 28,19 vuole anche dire: fate μαθηταί, cioè fate ciò che potete per la nascita di un rapporto vivo fra Gesù e un suo discepolo. Ma non saranno i vostri discepoli, bensì quelli del Signore.

Il metodo della Chiesa

L'accettazione della doppia libertà, di Dio e dell'uomo, fonda anche il giusto atteggiamento per le attività della Chiesa. Essere veramente Chiesa vuol dire essere fondati sull'azione di Dio. Perciò la nostra attività più importante è la preghiera. La preghiera non è un'attività in senso stretto: è piuttosto l'essere coinvolti nell'azione di Dio. Da questa comunione orante di vita dobbiamo trarre la nostra forza e il nostro orientamento. Non esiste un altro metodo per tutto ciò che facciamo come Chiesa: pregare è lasciare agire Dio. Egli sceglierà i Suoi mezzi; e talvolta sceglie anche noi. Il dialogo interreligioso, se preso sul serio, ci introduce in un'esperienza di cui non possiamo avere il pieno controllo. Tutti i partecipanti devono nutrire una fiducia sincera. Per noi, questa fiducia si basa sulla promessa che il Risorto ci ha fatto mandandoci nel mondo; e potete trovare tutte queste parole riassunte sulla statua di Cristo proprio qui all'Università: *"Andate, insegnate, io sarò con voi"*.

MICHAEL SIEVERNICH S.J.

La missione cristiana
Identità perduta e ritrovata

Chi visita la chiesa di Sant'Ignazio a Roma può farsi un'immagine plastica della missione cristiana nel mondo, ammesso che rivolga lo sguardo verso l'alto. Lì, infatti, Andrea Pozzo S.J., pittore e architetto italiano (1642-1709), ha dipinto sulla volta a botte un affresco monumentale, un'interpretazione artistica del testo biblico *"Ignem veni mittere in terram, et quid volo nisi ut accendatur"* / "Sono venuto a portare il fuoco sulla terra; e come vorrei che fosse già acceso!" (Lc 12,49). La simbologia del fuoco ne costituisce pertanto il tema dominante e collega, alla maniera barocca, l'apoteosi di Sant'Ignazio con la missione nel mondo (illustrazioni in De Feo 1996, 72s.). Un *trompe-l'oeil* con pilastri e arcate si apre sulle nuvole del cielo, dove sono collocati Dio Padre con il Cristo che porta la croce, e la colomba dello Spirito Santo. Dal fianco di Cristo parte un raggio di luce che colpisce il cuore di Ignazio e da questo viene riflesso e rimandato verso i quattro punti cardinali e così alle quattro allegorie dei continenti: l'"Africa", rappresentata da una figura femminile nera con diadema d'oro, seduta su un coccodrillo; l'"America", rappresentata da un'indiana con una corona di piume, seduta su un leopardo; l'"Asia", una figura di donna ingioiellata, seduta su un dromedario, che con una mano saluta Francesco Saverio; infine l'"Europa", simboleggiata da una figura di donna su un cavallo bianco, che – in modo del tutto eurocentrico – tiene in mano globo e scettro.

Questa rappresentazione figurativa non è un'esagerazione barocca, bensì un richiamo ai sobri "esercizi spirituali" ignaziani, che immaginano la globalizzazione non certo come condensazione di spazio e tempo per opera dell'uomo, ma come prospettiva divina sul globo. Colui che riceve gli esercizi, nella seconda settimana in cui è in programma la scelta di vita, deve raccogliersi in contemplazione davanti all'alternativa delle "due bandiere" e riconoscere come Cristo "Signore di tutto il mondo" (*Señor de todo el mundo*) chiami alcune persone e le mandi "in tutto il mondo" (*envía por todo el mundo*) per diffondere il suo insegnamento (*Esercizi spirituali* n. 145).

Inoltre, chi pratica gli esercizi, deve contemplare la Terra a partire dalla prospettiva del Dio Trino e vedere i diversi popoli, "gli uni bianchi, gli altri neri", che vivono e muoiono in una situazione di grave cecità.

Dunque, chi pratica gli esercizi, dovrebbe mettersi empaticamente nelle tre persone divine e contemplare come queste consigliano la redenzione del genere umano e, attraverso l'incarnazione, la mettono in opera (*Esercizi spirituali* n. 106s.). Si tratta quindi, niente meno, che di collaborare all'opera della redenzione di Dio Uno e Trino.

Se andiamo ancora più a fondo e a ritroso nella storia del Cristianesimo, guardando al Nuovo Testamento, vediamo che tutti e quattro i Vangeli finiscono con un inizio: infatti, il Gesù post-pasquale investe i suoi discepoli stupiti e increduli di una missione globale.

I Vangeli con la loro fine fondano un nuovo inizio, cioè la trasmissione del messaggio evangelico al di là di ogni confine spazio-temporale, "fino ai confini della terra" (At 1,8).

Questo superamento dei confini chiarisce il significato universale della storia di Gesù come rivelazione storica dell'amore di Dio. Destinatari della missione sono "tutti i popoli" (Mt e Lc) e "tutto il mondo" (Mc), mentre suoi attori sono gli apostoli; gli inviati.

Il famoso "comando missionario" che proviene dalla bocca del Risorto, cui la Chiesa ha sempre fatto riferimento e si richiama, ne dà una testimonianza forte: "Mi è stato dato ogni potere in cielo e in terra. Andate dunque e ammaestrate tutte le nazioni, battezzandole nel nome del Padre e del Figlio e dello Spirito santo, insegnando loro ad osservare tutto ciò che vi ho comandato. Ecco, io sono con voi tutti i giorni, fino alla fine del mondo" (Mt 28,18-20).

Alla luce di questa prospettiva storica e biblica intendiamo riflettere sulle questioni controverse in tre passaggi: 1) La missione porta alla perdita dell'identità? 2) Quali modelli ispiratori caratterizzano la missione? 3) Davanti a quali nuove sfide si trova la missione cristiana ai tempi della globalizzazione?

1. Perdita dell'identità a causa della missione?

A partire dalla decolonizzazione a metà del XX sec., si levano voci all'interno e all'esterno del Cristianesimo a dire che con la fine del dominio coloniale bisogna "de-missionare" anche la missione, poiché questa si sarebbe corrotta da sé cooperando con il colonialismo europeo.

Di fatto gli Stati europei, Germania e Italia incluse, si sono spartiti l'Africa durante la conferenza di Berlino sul Congo nel 1884, sotto la presidenza del Cancelliere tedesco Otto von Bismarck. All'interno di queste sfere d'interesse arbitrariamente stabilite, congregazioni religiose cattoliche o società missionarie protestanti si sono poi lanciate, con un'azione parallela, in una gara missionaria (cfr. Baur 1998).

Queste imprese missionarie hanno senz'altro avuto, da un punto di vista religioso e sociale, un effetto benefico, ma facevano parte del sistema coloniale. Non stupisce, perciò, che un missionario protestante come Albert Schweitzer (1876-1944), il famoso dottore della giungla di Lambarene (Africa Equatoriale Francese, oggi Gabon) e più tardi premio Nobel per la Pace, considerasse la missione come "espiazione" dei peccati del colonialismo. Schweitzer fu per tutta la vita convinto della superiorità dell'uomo bianco e non imparò mai una lingua indigena. Portò in Africa la medicina occidentale e la musica per organo di Johann Sebastian Bach, ma non riconobbe mai la medicina o la musica africana come cultura. La sua missione, viene da chiedersi, ha portato all'Africa occidentale salute e salvezza, derubandola della sua identità? O, piuttosto, il Vangelo arricchisce l'identità di una cultura? Si possono bilanciare perdite e guadagni o il cambio di religione non si può portare a saldo?

1.1 Ambivalenza del concetto di missione

Se oggi analizziamo la semantica della parola "missione", vi troviamo connotazioni positive e negative. Nella lingua della diplomazia, della tecnica o della scienza prevale un tono fondamentalmente positivo, ad es. quando si parla di difficile missione diplomatica o di un grande progetto scientifico come la "missione su Marte".

Grandi imprese o università fanno precedere la loro presentazione su Internet da un "mission statement" in cui dichiarano perché fanno ciò che fanno (*Why we do what we do*).

Così, ad es. il "mission statement" sul sito web della Pontificia Università Gregoriana dice: "Come Università, cerca l'eccellenza nell'insegnamento, nella riflessione personale e nella ricerca, offrendo ai suoi studenti una sintesi armonica tra il sapere umano e la luce della fede, secondo il metodo proprio di ogni disciplina."

Se invece si parla di "missione" in senso religioso, in Europa le connotazioni sono spesso negative, perché in una società pluralista, in cui ognuno può ricercare la felicità a modo suo, missione e cambio di religione vengono guardate con scetticismo.

Se poi si parla di missione cristiana, il quadro si fa ancora più scuro, diventando addirittura una "leyenda negra", poiché si crede di dover rifiutare la missione per ragioni morali, in quanto questa – perlopiù senza che si abbia una conoscenza precisa della sua storia – viene identificata in modo stereotipato con l'arroganza occidentale e il pensiero coloniale, con la costrizione e la violenza, con la corruttibilità e l'opportunismo. La storia della missione è stata, sicuramente, tutto questo (cfr. Angenendt 2007, 372-484); ma non solo questo, perché, come ogni altra storia, ha le sue luci e le sue ombre (cfr. Koschorke 2007).

Alcuni contemporanei accentuano il sospetto nei confronti della missione per delegittimare moralmente il Cristianesimo. Così ad es. il filosofo tedesco Herbert Schnädelbach si è lanciato all'attacco dei sette "difetti congeniti" del Cristianesimo, una replica polemica, comparsa puntualmente nell'Anno Santo, alle sette ammissioni di colpa del Papa

Giovanni Paolo II. Schnädelbach vede questi "difetti congeniti" – tra l'altro – nel platonismo, nell'antigiudaismo e nella dottrina del peccato originale, ma anche nel "comando missionario" (cfr. Mt 28,18-20). Questo, infatti, vieterebbe ogni tolleranza, configurandosi piuttosto come un "mandato per sradicare il paganesimo in tutto il mondo, cioè l'investitura teologica dell'imperialismo culturale cristiano" (Schnädelbach 2009, 160).

Un giudizio non meno deciso viene espresso dall'ex cancelliere tedesco Helmut Schmidt (nato nel 1918), stimato uomo di Stato a livello nazionale e internazionale. In occasione del suo 90° compleanno, egli ha scritto un bilancio della sua vita che entra anche nel merito di temi come la religione, l'etica e la coscienza. Si professa come un cristiano protestante, che pur tuttavia ha frequentato con piacere esponenti della Chiesa cattolica come il Card. Franz König (Vienna) o p. Oswald von Nell Breuning S.J. (Francoforte).

Sulla questione della missione, in ogni caso, seguiva il pregiudizio stereotipato dell'epoca. Si richiamava alla tolleranza religiosa per motivare il suo rifiuto del pensiero missionario: "Perciò ho sempre sentito la missione cristiana come violazione dell'umanità. Se una persona ha trovato nella sua religione un appoggio e un rifugio, nessuno ha il diritto di allontanare questa persona dalla sua religione." (Schmidt 2008, 289). Nessuno vorrà controbattere al comandamento della tolleranza; proprio questo tollera il cambio di religione, che è anzitutto espressione di una positiva libertà religiosa.

1.2 Alterità ed etnocentrismo

Come ogni comunicazione, anche la missione si trova di fronte alla questione dell'alterità, della diversità dell'altro. È una questione che ha trovato nella storia della missione risposte sempre diverse, che vanno dall'idealizzazione dell'altro come straniero al suo rifiuto o discredito. Prendendo ad esempio il primo incontro con il Nuovo Mondo, vediamo che sono prevalsi tre modelli fondamentali. Sono i modelli negativi dell'alterità vista in termini d'inferiorità, immoralità e idolatria.

- Sul piano della cultura, gli stranieri "altri" sono stati classificati come "barbari" inferiori o come "selvaggi", perché mancavano loro determinate caratteristiche della civiltà quali la scrittura, la vita nella città o le istituzioni politiche: inferiorità.
- Sul piano della morale, gli altri sono stati dequalificati come "peccatori" immorali, perché i loro usi e costumi erano in contraddizione con le nostre idee. È avvenuto anche che i peccati altrui diventassero motivo di guerre: immoralità.
- Sul piano della religione, gli stranieri "altri" sono stati classificati come "pagani" non credenti (*gentiles*), poiché praticavano il "culto degli idoli" e quindi una falsa religione: idolatria.

Alterità culturale, morale e religiosa hanno fornito non di rado le ragioni per la discriminazione degli altri o per azioni punitive contro di loro.

Al tempo stesso, occorre però rilevare che grandi missionari all'inizio dell'Era Moderna come Bartolomeo de las Casas O.P. (1484-1566) o José de Acosta S.J. (1540-1600) ebbero una percezione positiva degli Indiani e cercarono di tutelare i loro diritti umani con mezzi legislativi e argomentativi. La stessa cosa vale per il teorico della missione di quell'epoca, colui che pose le basi teoriche del diritto internazionale. Francisco de Vitoria O.P. (1483-1546) ribadì, infatti, nel suo trattato *De Indis nuper inventis* che la diversità culturale, morale e religiosa non deve essere discriminata, ma anzi per principio riconosciuta. L'uguaglianza di principio dell'altro nella sua diversità è da lui motivata con una doppia somiglianza: antropologicamente l'uomo è uomo per l'altro uomo (*homo homini homo*) e teologicamente ogni uomo è allo stesso tempo prossimo (*homo homini proximus*) (Vitoria 1997, 465).

I modelli negativi dell'alterità si basano a loro volta su un atteggiamento universalmente diffuso, che è noto con il nome di etnocentrismo e che si è insinuato non di rado anche nella missione, nonostante l'universalismo cristiano. Per etnocentrismo, che compare anche in varianti locali come euro-centrismo o sino-centrismo, si intende la concezione ubiquitaria che pone al centro il proprio gruppo, il "noi", sotto forma di un'etnia, un popolo, una nazione o un impero, e svaluta altri gruppi o popoli stranieri.

L'immagine etnocentrica del mondo, che si ritrova in molti miti, fa una distinzione dicotomica tra "noi" e gli "altri", quindi tra "in-group" e "out-group". Predilige ciò che è "proprio" e sospetta di ciò che è "altro", "estraneo", "straniero".

Fu così, infatti, che nell'antichità i Greci designavano gli altri popoli con il termine "barbari", mentre i Cinesi chiamavano il proprio Paese "Impero di mezzo" (sino-centrismo) e gli Inca, la loro capitale Cuzco, che significa "ombelico". Nel Foro Romano si trova l'*umbilicus urbis*, che era allo stesso tempo centro dell'Impero e del mondo.

Il Cristianesimo superò l'etnocentrismo dall'interno e fu capace di radicarsi potenzialmente in tutte le culture, senza distruggerne l'identità. Il libro sacro del Cristianesimo, la Bibbia, è in linea di principio traducibile, e quindi scritta nella lingua franca dell'epoca, non nella lingua madre di Gesù.

Dal punto di vista paolino "Non c'è più giudeo né greco; non c'è più schiavo né libero; non c'è più uomo né donna, poiché tutti voi siete uno in Cristo Gesù." (Gal 3,28).

Sulla storia colpevole della missione, che risulta non da ultimo dalla percezione negativa dell'alterità e dell'etnocentrismo, è tornato il grande Papa Giovanni Paolo II nell'Anno Santo 2000 con il singolare gesto di una confessione di colpa ecclesiale seguita da una richiesta di perdono (cfr. *supra*, § 1.1). Durante una Messa nella Basilica di San Pietro, sollecitò la Chiesa a una "purificazione della memoria" e citò tra l'altro metodi della storia missionaria incompatibili con il Cristianesimo.

Tra questi annoverò "metodi d'intolleranza" per imporre la propria verità o la "logica della violenza" per affermare la propria superiorità culturale. Anche la discriminazione e l'emarginazione degli altri sulla base della loro diversità furono oggetto di autocritica nella confessione di colpa del Papa (Commissione Teologica Internazionale 2000).

2. Immagini bibliche e tipi di missione

Si può intendere tutta la storia della missione come un processo in cui l'unica umanità della creazione cresce sempre più nell'unità grazie a Cristo "nuovo Adamo" e al suo Spirito, supera i confini linguistici ed etnici e scambia in modo solidale la ricchezza delle sue culture. Perciò la globalizzazione del Vangelo va di pari passo con la globalizzazione della responsabilità reciproca. Anche se oggi ci sono oltre un miliardo di cattolici e oltre due miliardi di cristiani, questo processo non è concluso; esso non può, in linea di principio, trovare conclusione, perché ogni persona e ogni generazione deve *ex novo* trovare la via verso la fede. "*Fiunt, non nascuntur Christiani*", diceva già Tertulliano (*Apologeticum* 18,4).

La missione ha, a seconda del tempo e del luogo, forme di attuazione molto diverse. Uno studio recente sull'evangelizzazione distingue sei evocativi modelli biblici, che non si escludono l'un l'altro.

1. Il "modello Stefano" si riferisce alla testimonianza di vita del singolo, in questo caso il martirio (At 7,54-60).
2. Il "modello Gerusalemme" mette al centro la liturgia che attrae, in particolare l'Eucaristia (At 2,42-47).
3. Il "modello della proclamazione" pone l'accento sull'annuncio verbale del Vangelo, esemplarmente quello della predica di Pietro dopo la Pentecoste (At 2,14-41).
4. Il "modello della fraternità" si riferisce al significato delle piccole comunità, ad iniziare da quella dei dodici apostoli (Mc 3,13-19).
5. Il "modello dell'Aeropago" dà importanza soprattutto all'incontro con la cultura, come mostra il discorso classico di Paolo sull'Aeropago di Atene (At 17,16-34).
6. L'ultimo, il "modello dei pani e dei pesci", si riferisce all'amore caritatevole, che lascia trasparire la *compassione* di Dio nelle opere di misericordia (Mt 15,29-38).

Questi sei modelli, con le rispettive parole-chiave (testimonianza, liturgia, annuncio, piccole comunità, inculturazione e diaconia) sono stati praticati con nomi diversi nel corso della storia e mantengono il loro significato come modelli ispiratori per il presente, così come per il futuro (Byerley 2008).

2.1 Tipi di missione

Le epoche della Chiesa delle origini, delle Chiese d'Occidente e d'Oriente nel Medioevo e delle Chiese confessionali nell'Evo Moderno aprono un ampio spettro di forme della missione, che variano molto secondo i tempi, i luoghi e le circostanze culturali. La stessa cosa vale anche per il presente, era della globalizzazione e di soggetti in concorrenza tra loro. Per avere ragione di un materiale vastissimo e per caratterizzarlo si potrebbero distinguere tre tipi di diffusione missionaria del Cristianesimo: quello capillare, quello professionale e quello istituzionale, che non sono fra loro alternativi e che spesso sono stati anche legati tra loro (cfr. Sievernich 2009).

a   Missione capillare

Le forme capillari di diffusione della fede si attuano in modo non spettacolare ed eclatante; bensì in un raggio limitato, in cui è di casa la comunicazione faccia a faccia. È questo il caso dei coniugi, all'interno delle famiglie, degli amici e vicini, dei colleghi di lavoro ecc. È la grande forma in cui soprattutto i laici vivono esemplarmente la propria fede, secondo l'*exemplum Christi* ed esercitano l'"apostolato" di loro competenza (cfr. *Lumen gentium* n. 30-38).

Si può trattare di genitori o nonni che trasmettono la propria fede alla generazione successiva, ma nel corso della storia potevano essere anche commercianti con rapporti internazionali o ufficiali e soldati che venivano trasferiti in altri paesi. Potevano essere donne che si sposavano all'estero e anche schiavi che contro la loro volontà venivano portati in paesi stranieri.

Patrono del tipo capillare di diffusione della fede potrebbe essere la coppia missionaria di Priscilla e Aquila (At 18,2.26) e la prima cristiana europea, la commerciante Lidia a Filippi (At 16,14).

Al di là dei singoli, anche molti gruppi e popolazioni sono venuti in contatto col Cristianesimo; nella tarda antichità e nel medioevo, ad esempio, popoli o tribù in espansione nel corso delle loro migrazioni o imprese belliche hanno incontrato il Cristianesimo e l'hanno tollerato o ne hanno fatto la propria religione. Questo è avvenuto in modo eclatante all'interno delle "grandi migrazioni", quando tribù germaniche in movimento accolsero il Cristianesimo (soprattutto nella forma ariana) e penetrarono nell'Impero Romano in parte cristianizzato, come i Longobardi in Italia o i Visigoti in Spagna.

Queste conversioni di popoli pagani, tuttavia, più che rispondere ad un principio capillare, hanno, piuttosto, un significato storico. È probabile, infatti, che il metodo della testimonianza di vita che si afferma nell'ambiente socio-culturale ed opera in modo capillare, rimanga anche per il futuro il metodo più importante e più persistente; proprio perché ha radici nel quotidiano, è precipuamente laicale e collega reti tra loro.

b Missione professionale

Il secondo tipo di attività missionaria è quello professionale, che di nuovo comprende singoli e gruppi. Ha avuto inizio con gli apostoli e con Paolo ed è proseguito con i monaci e gli ordini religiosi. Nel Medioevo troviamo nella Chiesa d'Occidente i monaci irlandesi e anglosassoni, ad esempio, che uniscono la loro *peregrinatio* ascetica sul continente alla missione; contemporaneamente anche nella Chiesa assira d'Oriente i missionari monastici si incamminano sulla Via della seta verso l'Asia.

Questi sono i due movimenti missionari del Medioevo che agirono ciascuno per mille anni e garantirono la presenza del Vangelo ad Ovest e ad Est, anche se con diversa persistenza (Hamilton 2003).

Al tipo professionale più centripeto appartiene il lavoro missionario e culturale dei Benedettini, di carattere locale, ma anche dei Cistercensi con la loro rete di monasteri, diffusa in tutta Europa, che univano la civilizzazione e la missionarietà.

L'attività missionaria professionale di tipo centrifugo, invece, si trova soprattutto negli ordini mendicanti dei Domenicani e dei Francescani che agirono nell'Alto Medioevo nel Nord Africa e in Asia, a partire da Francesco d'Assisi presso il sultano musulmano per arrivare al domenicano André de Longjumeau presso il Khan dei Mongoli. Al tipo professionale medievale appartengono anche Cirillo e Metodio, che per ordine dell'imperatore di Bisanzio operarono tra gli Slavi.

L'apice del tipo professionale di missione fu raggiunto certamente all'inizio dell'era moderna. Mai prima di allora, nella storia della missione, furono inviati tanti missionari professionali in America e in Asia, più tardi affiancati da missionari della congregazione romana *De Propaganda Fide*. Solo in America, tra il XVI e il XVIII secolo, furono inviati circa 15.000 missionari; "piovevano Francescani da ogni parte", così riferiscono fonti dell'epoca.

Il quadro dei missionari professionali cristiani diventa ancor più variegato nel XIX e nel XX secolo, poiché allora per la prima volta vi parteciparono anche le donne come missionarie e nacquero ordini missionari femminili. Inoltre, vi si aggiunse in quegli anni anche il Protestantesimo con le sue organizzazioni missionarie, la cui proliferazione perdura tuttora.

Oggi, il settore professionale della missione cattolica vede una differenziazione tra persone impegnate a tempo pieno e volontari, tra impegno a vita e impegno limitato nel tempo e tra professioni legate all'annuncio e professioni legate allo sviluppo. Non mancano, tuttavia, anche sintesi nuove, come nel caso dei servizi di medici missionari o quello legato all'istruzione.

c *Missione istituzionale*

Il terzo tipo istituzionale di diffusione della fede si dà esemplarmente con attività pontificali o episcopali, quando ad esempio i Papi dell'Alto Medioevo mandavano i loro inviati missionario-diplomatici ai Mongoli, o quando il Papato nell'era moderna conferiva alle potenze iberiche il patronato e con ciò affidava alle rispettive corone l'attività missionaria. In questi e in altri casi si costituì il tipo imperiale di missione che impiegava anche gli strumenti del potere politico e militare, nel regno dei Franchi, a Bisanzio o nell'impero spagnolo. Oggi questo tipo di missione non ha più alcuna rilevanza.

Alle grandi istituzioni centrali della Chiesa appartiene la congregazione *De Propaganda Fide*, fondata nel 1622 (oggi Congregazione per l'Evangelizzazione dei Popoli), dicastero curiale per il coordinamento e la guida della missione cattolica. Delle istituzioni fanno parte però anche organismi di diocesi, di congregazioni religiose e di società missionarie, che forniscono un aiuto finanziario e in termini di persone. Infine vanno citate le reti internazionali di aiuto che mettono a disposizione della missione considerevoli mezzi.

In linea di principio anche in futuro si tratterà della cooperazione dei vari tipi di missione, capillare, professionale e istituzionale, cui tutto il popolo di Dio prende parte.

2.2 Sviluppi recenti

Nel presente ci sono due nuovi sviluppi significativi: da un lato la globalizzazione della missione cristiana, nel senso che essa non parte più esclusivamente o prevalentemente dall'Europa o dal Nord America, ma in modo "cross-cultural" da tutti i sei continenti. Nella Chiesa cattolica si sta sviluppando una crescente coscienza missionaria delle chiese locali, come formulato ad esempio di recente a livello continentale dalla Conferenza dei Vescovi latinoamericani (CELAM) nel Documento conclusivo di Aparecida *Discípulos y Misioneros de Jesucristo para que nuestros pueblos en Él tengan vida* (2007).

D'altra parte, va ricordata la diffusione interconfessionale del movimento pentecostale, che secondo alcune stime riguarda circa il 25% dell'intera cristianità e presenta modalità missionarie improntate all'estasi e alla salvezza (cfr. Martin 2002). Questo movimento, la cui variante cattolica si definisce "Rinnovamento carismatico", richiama di fatto l'attenzione su ciò che Giovanni Paolo II aveva sottolineato nella sua Enciclica sulla missione, la *Redemptoris missio* (1990), vale a dire che allo Spirito Santo spetta la "funzione di guida" (n. 24).

3. Nuove sfide nell'epoca della globalizzazione

La base teologica per un nuovo concetto di missione è stata posta dal Concilio Vaticano II, nel quale la Chiesa cattolica per la prima volta si realizzò come Chiesa universale e diede alla propria missione nel mondo un nuovo profilo. Il mutamento paradigmatico del Concilio consisteva prima di tutto nel fatto che la Chiesa non si occupasse solo di se stessa *ad intram*, ma che definisse anche *ad extram* un rapporto nuovo e criticamente positivo con la modernità e quindi ponesse fine alla sua difesa anti-modernista.

Presupposto fondamentale della missione è il diritto umano alla libertà religiosa, che nella dichiarazione *Dignitatis Humanae* conferma il diritto della persona e delle comunità religiose alla libertà in questioni di religione ed esclude ogni costrizione alla fede o ogni oppressione di credenti di altre fedi. Ancorato nella dignità della persona, l'affermazione di pretese verità religiose con gli strumenti del potere viene respinta, così come l'impedimento della pratica religiosa con quegli stessi strumenti. La verità religiosa tuttavia non ha alcuna pretesa se non quella della "forza della verità stessa, la quale si diffonde nelle menti soavemente e insieme con vigore" (*Dignitatis humanae* n. 1).

Su questa base, il Concilio, nel documento *Nostra Aetate*, ha regolato anche il rapporto con le religioni non cristiane, che non vengono più discriminate, ma anzi sono riconosciute come forme di espressione religiosa. Questo riconoscimento è stato tanto più facile, in quanto le altre religioni vengono viste come risposte a domande insolute dell'umanità, quali le domande sul senso della vita, la felicità, il peccato, la sofferenza e la morte, e "non raramente riflettono un raggio di quella verità che illumina tutti gli uomini", cosicché nulla si rigetta "di quanto è vero e santo in queste religioni" (*Nostra Aetate* n. 2).

Il riconoscimento della libertà religiosa e delle altre religioni non ha reso superfluo il compito classico della missione, ma l'ha posto in una nuova luce. Osservato sotto questa luce, il compito missionario di una Chiesa "pellegrina" deriva dall'aspirazione intrinseca alla cattolicità.

Il fatto che essa sia in cammino essenzialmente perché "missionaria" deriva dal suo stesso essere inviata, non già per auto-investitura, ma perché fondata trinitariamente, "in quanto è dalla missione del Figlio e dalla missione dello Spirito Santo che essa, secondo il piano di Dio Padre, deriva la propria origine" (*Ad gentes* n. 2).

La missione della Chiesa si basa, dunque, sulla comunicazione personale che Dio fa di sé all'uomo (rivelazione), cioè sulla Parola che si fa uomo (incarnazione) e sull'effusione dello Spirito Santo (Pentecoste). Gesù è inviato come vero mediatore tra Dio e gli uomini per la salvezza del genere umano e, risorto, invia a sua volta i suoi discepoli (Mt 28,19s.; Mc 16,15).

La missione è dunque effettivamente un segno distintivo della Chiesa è persegue l'obiettivo di far partecipare tutti gli uomini e i popoli all'amore di Dio e di far diventare il Vangelo fermento della verità e della libertà.

Nella missione della Chiesa, si dispiega quindi l'azione divina grazie all'apparizione del *Logos* (verità) e dello Spirito (libertà).

Nel tentativo di definire il concetto di "missione", il decreto del Concilio sull'attività missionaria, *Ad gentes*, afferma: "Pertanto la missione della Chiesa si esplica attraverso un'azione tale, per cui essa, in adesione all'ordine di Cristo e sotto l'influsso della grazia e della carità dello Spirito Santo, si fa pienamente ed attualmente presente a tutti gli uomini e popoli, per condurli con l'esempio della vita, con la predicazione, con i sacramenti e con i mezzi della grazia, alla fede, alla libertà ed alla pace di Cristo, rendendo loro facile e sicura la possibilità di partecipare pienamente al mistero di Cristo" (*Ad gentes* n. 5).

Obiettivo della missione è pertanto la presenza visibile della Chiesa, che intende se stessa come "sacramento universale di salvezza"(*Lumen gentium* n. 48, *Ad gentes* n. 1) che deve essere presente "a tutti gli uomini e popoli". Tutte le chiese locali, così come le "chiese giovani" (*ecclesiae novellae*), hanno una responsabilità missionaria, e questa è la speranza che nutriva il Concilio: "che le giovani Chiese partecipino quanto prima effettivamente alla missione universale della Chiesa, inviando anch'esse dei missionari a predicare il Vangelo dappertutto nel mondo" (*Ad gentes* n. 20). Ecco, allora, che la missione "*ad gentes*" si fa sempre più missione "*inter gentes*".

3.1 Presenza dello Spirito nelle culture

Una caratteristica del nuovo concetto di missione uscito dal Concilio è la più forte sottolineatura dell'azione dello Spirito Santo nelle altre culture, concezioni morali e religioni, senza tacere le influenze peccaminose o relativizzare la propria posizione. Non è fuori luogo, perciò, parlare di inizio di una nuova epoca della missione nel mondo, che guardando all'incarnazione e all'effusione dello Spirito garantisce un'ottica nuova nei confronti della diversità. La pluralità delle culture non deve sparire, anzi, l'inculturazione deve garantire "che quanto di buono si trova seminato nel cuore e nella mente degli uomini o nei riti e culture proprie dei popoli, non solo non vada perduto, ma sia purificato, elevato e perfezionato" (*Lumen gentium* n. 17).

Con ciò si risolve anche il vecchio problema dell'esclusività, con cui molti missionari avevano dovuto combattere nel corso dei secoli. Così ad esempio Francesco Saverio in Giappone, potendo contare su conoscenze linguistiche rudimentali, si trovava a dover rispondere alla domanda se tutti i non battezzati, cioè tutti gli antenati, fossero dannati. Per poterlo negare, si servì della figura classica della coscienza, per salvare almeno alcuni dei pagani (Xaver 2006, 351s. 357).

Su questo punto il Concilio Vaticano II compì un cambio paradigmatico di grande livello, quando affermò che la volontà di salvezza di Dio non riguarda soltanto le altre religioni, ma anche coloro "che cercano il Dio ignoto nelle ombre e sotto le immagini". Chi cerca con cuore sincero e segue la propria coscienza, può "conseguire la salvezza eterna" (*Lumen gentium* n. 16); attraverso la capacità della ragione di raggiungere la verità e la capacità della coscienza di essere libera. L'uomo viene pertanto inserito nella storia della salvezza che gli viene rivelata alla luce di una missione esplicita.

Lo Spirito Santo, quindi, è sempre presente e all'opera. Opera nel cuore dell'uomo, tiene desti gli interrogativi su Dio e sul senso della vita. Come Giovanni Paolo II afferma nella sua Enciclica sulla missione, la presenza dello Spirito non tocca però solo gli individui, "ma la società e la storia, i popoli, le culture, le religioni" (*Redemptoris missio* n. 28). Infatti lo Spirito "soffia dove vuole" (Gv 3,8), opera negli uomini e nelle culture già prima che i missionari inizino ad operare, poiché Dio "non ha cessato di dar prova di sé" (At 14,17) tra i popoli.

Se, dunque, grazie all'opera dello Spirito si possono trovare "elementi di santificazione e di verità" in altre culture e religioni (*Lumen gentium* n. 8) e se c'è una sorta di "segreta presenza di Dio" in loro (*Ad gentes* n. 9), allora il compito di un'ermeneutica teologica di questa presenza nascosta è un tema all'ordine del giorno. Questa consapevolezza era già stata raggiunta da Joseph Ratzinger prima del Concilio, quando poneva l'accento sul significato delle forme occidentali del Cristianesimo, aggiungendo al tempo stesso "che non vi è alcuna ragione legittima, filosofica o teologica, per una posizione esclusiva dell'Occidente" (Ratzinger 1960, 185).

Idea guida ampiamente accolta, anche a livello ecumenico, è oggi il concetto d'inculturazione, che viene variamente motivato, da un punto di vista teologico, con la creazione, l'incarnazione o l'effusione dello Spirito (Collet 2002, 184-196). La parola "inculturazione" dice che l'universalità della salvezza non richiede né un aspetto uniforme del Cristianesimo, né mira ad un preciso aspetto culturale.

In questo incontro di culture non si tratta del superamento della diversità o della distruzione dell'identità altrui, poiché il Cristianesimo vuole incontrare l'uomo nella sua cultura. Inculturazione indica, piuttosto, un processo osmotico nel quale si tratta dell'integrazione dell'esperienza cristiana "nella cultura di ciascun popolo, e cioè in modo tale che questa esperienza non si esprima solo in elementi della propria cultura, ma diventi una forza che vivifica, orienta e rinnova questa cultura e in questo modo si creino una nuova unità e comunità, non solo all'interno della cultura in questione, ma anche come arricchimento della Chiesa universale" (Roest Crollius 1978, 735).

Con un'inculturazione di questo genere, la Chiesa non va incontro soltanto alla ricchezza culturale, ma spesso anche alla povertà materiale dei popoli, soprattutto nell'emisfero meridionale. Questi mondi sociali sono rilevanti per motivi morali, ma anche teologici, poiché la Chiesa "riconosce nei poveri e nei sofferenti l'immagine del suo fondatore, povero e sofferente" (*Lumen gentium* n. 8); ed è per questo che le chiese locali latinoamericane hanno accolto nelle loro linee programmatiche, l'"opzione preferenziale per i poveri" e per un'evangelizzazione liberante (Documento di Puebla n. 1134).

Risulta chiaro, a questo punto, che la missione nel mondo si imbatte anche nelle religioni e nelle rispettive pretese di verità, poiché le religioni appartengono alla forma intrinseca delle diverse culture. Tenendo fermo il principio della libertà di religione, il dialogo interreligioso si afferma come strumento decisivo di convivenza, cooperazione, scambio e riconoscimento della verità, attraverso la comunicazione (cfr. Pontifical Council for Inter-religious Dialogue, 1991).

Nell'era della globalizzazione cresce l'interesse per le culture e le religioni, per l'interazione con gli "altri", per lo scambio di conoscenze interculturali, per la convivenza delle religioni e l'ibridazione delle culture.

3.2 Missione della presenza

La scoperta della presenza dello Spirito nelle culture e nelle religioni richiede una "missione della presenza". Essa ha come obiettivo quello di "rendere presenti e quasi visibili Dio Padre e il Figlio suo incarnato, rinnovando se stessa e purificandosi senza posa sotto la guida dello Spirito Santo" (*Gaudium et spes* n. 21).

Un rinnovamento profondo, tuttavia, può avvenire solo grazie alla capacità della Chiesa di riconoscere i suoi compiti fondamentali in modo sempre più chiaro e preciso.

Tre sono i compiti essenziali per una concezione integrale della missione: il servizio alla fede (*Martyria*), il servizio al prossimo (*Diaconia*) e il servizio a Dio (*Liturgia*). Questa triade, che si riallaccia all'ecclesiologia del Vaticano II (*Lumen Gentium* n. 26), venne sistematizzata per la prima volta da Karl Rahner. Nella prima funzione fondamentale dell'annuncio della parola, la presenza di Dio appare come verità, mentre nella terza, quella dell'amore per il prossimo, si manifesta la presenza di Dio come amore; entrambi i modi di essere confluiscono nella liturgia (*Eucaristia*). Essa è "la celebrazione dell'unità di verità e carità nel dono di sé del *Logos* fattosi carne nella morte come vittima del mondo e con ciò la realizzazione sacramentale totale della Chiesa come punto centrale, sorgente e fine di tutte le altre funzioni della Chiesa" (Rahner 1995, 151). Già il Concilio aveva affermato che l'Eucaristia è *fons et culmen totius evangelizationis:* "fonte e culmine di tutta l'evangelizzazione" (*Presbyterorum ordinis* n. 5).

Questa triade di Martyria, Liturgia e Diaconia non determina solo una ecclesiologia della *communio*, ma anche un'ecclesiologia della *missio*, che naturalmente è da sviluppare molto più chiaramente di quanto non sia finora avvenuto (cfr. *Lumen Gentium* n. 13, 16s.). Come sottolinea Gisbert Greshake, il Concilio ha sì "offerto elementi importanti per una ecclesiologia della *missio* fondata trinitariamente" (Greshake 1997, 406s.), ad es. attraverso la definizione che la Chiesa pellegrina è per sua natura missionaria (cfr. AG 2). Tuttavia gli spunti per una ecclesiologia della *missio* si sono arenati, cosicché non si manifesta sufficientemente il fatto che la Chiesa esiste per il mondo ed è mandata al mondo (cfr. LG n. 9 e GS n. 1). Greshake chiede quindi chiaramente una più chiara ecclesiologia della *missio*. Il senso dell'essere radunati è l'essere inviati, si potrebbe quasi dire in sintesi.

Una concezione integrale o olistica della missione porterà questi tre compiti fondamentali della Chiesa a una sintesi, anche se per un certo periodo o in un certo luogo può essere privilegiato uno dei gesti fondamentali, come ad esempio la diaconia. Una missione della presenza vuole dar voce e visibilità al Vangelo di Gesù Cristo nella potenza del suo Spirito in diversi ambienti culturali. A ciò sono invitati a cooperare tutti i membri del popolo di Dio nella misura delle loro possibilità. Si tratta, secondo il documento dei vescovi tedeschi sulla missione, "di una missione nel mondo con testa, cuore e mani" in una chiesa universale che si concepisce come comunità di apprendimento, di preghiera, di solidarietà (cfr. Allen Völkern Sein Heil, 54-60).

Bibliografia

ALLEN VÖLKERN SEIN HEIL, *Die Mission der Weltkirche* (Die deutschen Bischöfe 76). Bonn 2004; trad. ingl. *Among all Nations Your salvation. The Mission of the Universal Church. A Statement of the German Bishops' Conference*, Aquisgrana 2005.

ARNOLD ANGENENDT, *Toleranz und Gewalt. Das Christentum zwischen Bibel und Schwert*, Münster 2007.

JOHN BAUR, *Storia del Cristianesimo in Africa*, Bologna 1998.

TIMOTHY E. BYERLEY, *The Great Commission. Models of Evangelization in American Catholicism*, Mahwah NJ 2008.

GIANCARLO COLLET, "... bis an den Grenzen der Erde". *Grundfragen heutiger Missionswissenschaft*, Friburgo 2002.

COMMISSIONE TEOLOGICA INTERNAZIONALE, *Memoria e riconciliazione. La Chiesa e le colpe del passato*, Città del Vaticano 2000.

VITTORIA DE FEO - VITTORIO MARTINELLI, *Andrea Pozzo*, Milano 1996.

GISBERT GRESHAKE, *Der dreieine Gott. Eine trinitarische Theologie*, Friburgo 1997.

BERNARD HAMILTON, *The Christian World of the Middle Ages,* Stroud, Glos. 2003.

KLAUS KOSCHORKE - FRIEDER LUDWIG - MARIANO DELGADO, ed., *A History of Christianity in Asia, Africa, and Latin America, 1450-1990. A Documentary Sourcebook*, Cambridge 2007.

DAVID MARTIN, *Pentecostalism. The World Their Parish,* Malden MA - Oxford 2002.

PONTIFICAL COUNCIL FOR INTER-RELIGIOUS DIALOGUE, *Dialogue And Proclamation. Reflection And Orientations on Interreligious Dialogue and the Proclamation of the Gospel of Jesus Christ*, Città del Vaticano 1991.

KARL RAHNER - Sämtliche Werke, Bd. 19, *Selbstvollzug der Kirche. Ekklesiologische Grundlegung praktischer Theologie,* ed. KARL-HEINZ NEUFELD, Friburgo 1995.

JOSEPH RATZINGER, "Theologia perennis? Über Zeitgemäßheit und Zeitlosigkeit der Theologie", in *Wort und Weisheit* 15 (1960) 179-188.

ARIJ ROEST CROLLIUS, "What is so new about inculturation?", in *Gregorianum* 59 (1978) 721-738.

HELMUT SCHMIDT, *Außer Dienst. Eine Bilanz*, Monaco ^{8}2008.

HERBERT SCHNÄDELBACH, *Religion in der modernen Welt*, Francoforte 2009.

MICHAEL SIEVERNICH, *Die christliche Mission. Geschichte und Gegenwart*, Darmstadt 2009.
FRANCISCO DE VITORIA, V*orlesungen (Relectiones). Völkerrecht, Politik, Kirche*, vol. 2, ed. ULRICH HORST, HANS-GERD JUSTENHOVEN, JOACHIM STÜBEN, Stoccarda 1997.
FRANZ XAVER, *Briefe und Dokumente 1535-1552* (Jesuitica 12), ed. MICHAEL SIEVERNICH, Ratisbona 2006.

ANDREA DI MAIO

Teo*logia* come Dia*logia*
Modelli di dialogo interreligioso nel Cristianesimo antico e medievale

Come per saltare un ostacolo s'indietreggia a prendere la rincorsa, così per affrontare le odierne difficoltà del dialogo interreligioso è utile ricostruirne la storia: infatti, dallo sviluppo della realtà si risale alle sue condizioni di possibilità. Così, in questo contributo, che riassume studi più ampi[1] sullo sviluppo in ambito cristiano del "genere letterario" del dialogo tra rappresentanti di diverse religioni, si cercherà di mostrare che: 1) in genere il dialogo tra diverse "posizioni" non solo presuppone, ma anche rende più consapevole l'identità dei dialoganti; 2) in specie, il dialogo tra *religioni*, soprattutto se monoteistiche e "di rivelazione", è problematico, ma non per questo impossibile; 3) anzi, nel Cristianesimo la "teologia" comporta costitutivamente la "dialogia"; 4) addirittura, il moderno concetto di *dialogo* è almeno in parte il risultato della trasformazione, operata dalla teologia cristiana patristica e medioevale, dell'arte dialogica (o *dialettica*) socratico-platonica e aristotelica, secondo le esigenze del monoteismo biblico; 5) al contrario, la rinuncia a tali esigenze o l'adozione di una diversa *dialettica* (ad esempio, quella costruita sul modello di Protagora,

---

[1] ANDREA DI MAIO, *Cristianesimo in dialogo con i non cristiani: posizione ed elementi del problema,* in "Ricerche Teologiche" 2006 (17), 365-399; ID., *Cristianesimo in dialogo con i non cristiani: l'approccio "dialettico" tommasiano (con "ragioni dimostrative e probabili"),* in "Gregorianum" 2006 (87), p. 81-101; ID., *Cristianesimo in dialogo con i non cristiani: l'approccio "testimoniale" di Francesco e Bonaventura,* in "Gregorianum" 2006 (87), p. 762-780; ID., *La frammentazione della teologia francescana,* in *Storia della Teologia,* Vol. 2., Dehoniane, Roma - Bologna 1996, p. 105-114 [sull'approccio dialogale di Lullo]. Questi e altri contributi confluiranno in ID., *Teologia come Dialogo.*

in cui tutti i punti di vista sono relativisticamente validi, oppure quella di tipo hegeliano, in cui tutti i punti di vista particolari devono essere superati e integrati in una superiore visione assoluta razionalmente raggiungibile) rende impraticabile un autentico dialogo tra "visioni del mondo".

Si obietta preliminarmente (sulla scia di Schopenhauer, Heidegger, Severino *et al.*) che il credente non sia sincero nel dialogare; oppure (sulla scia di Tertulliano e Barth) che il dialogante non sia sincero nel credere. Si obietta poi (sulla scia di Simmaco e Lessing) che le specifiche religioni storiche siano troppo anguste e contingenti, e che, in quanto forme comunitarie e istituzionali (le "Chiese"), non possano neanche rispondere alle esigenze personali; in particolare al monoteismo, in quanto totalizzante, si rimprovera di essere (per Nietzsche) "monotono" e addirittura (per Sloterdijk) costitutivamente intollerante. Proprio per questo oggi alla tradizionale appartenenza religiosa, intesa come "essere di una specifica Chiesa", è spesso contrapposta la decisione di "essere di nessuna Chiesa" (ossia, secondo Giorello, di essere radicalmente laici – o laicisti), o al contrario di "essere di ogni Chiesa" (ossia, di essere sincretici o fautori, come Knitter, di un pluralismo religioso radicale), o finalmente anche il voler essere ciascuno una "chiesa a sé", richiamandosi (secondo Beck) al "proprio dio" *privato*, o – più precisamente – ad un "individualistico sentimento del divino"; inoltre, al monoteismo biblico, viene contrapposto oggi il cosiddetto "neopaganesimo" (ossia l'atteggiamento secolare di esaltazione del finito, in una fedeltà nicciana al *qui e ora*, ossia alla Terra e all'istante[2]); ovvero quello che Weber aveva chiamato il "politeismo dei valori" (ossia la coesistenza di tanti sistemi valoriali, senza privilegiarne alcuno in particolare).

Per "dialogo" (etimologicamente "discorso tra" o "tramite") s'intende una comunicazione tra interlocutori caratterizzata da *reciprocità* e *mediazione* (per esprimere il "punto di vista" proprio e intendere quello altrui, in parte basandosi su un orizzonte già comune, in parte tendendo a integrare i punti di vista in una qualche superiore unità).

---

[2] Cf. *La terra e l'istante*, a cura di Paul Gilbert, Rubbettino, Soveria Mannelli 2005 (in particolare i contributi di Sara Bianchini, Gianmarco Stancato e Pavel Rebernik).

In questo consisteva già il dialogo socratico (secondo Platone), con cui da una parte il *filosofo* – come fa Socrate nella sua *Apologia* – cerca di capire e far capire il "posto" che ha ricevuto "dal dio" nella comunità, e dall'altra parte esercita il suo ruolo maieutico di stimolo critico, costringendo l'interlocutore – come fa Socrate con Agatone nel *Simposio* – a "non contraddire la verità". Il dialogo interreligioso è l'applicazione sistematica della discussione alla comprensione del "posto" (ossia della destinazione o vocazione) personale e collettivo.

Come i raggi di una ruota, avvicinandosi al centro, convergono reciprocamente, così gli individui mediante l'esperienza religiosa: la personale *professione* di fede è anche (più o meno) una comune *confessione* che incorpora il singolo in una comunità di credenti.

L'esperienza religiosa, perciò è da una parte assolutamente personale e incomunicabile, ma al contempo è portatrice di un'esigenza universale e da comunicare (segno ne è che persino le religioni politeistiche etniche tendevano a inglobare nel proprio *pantheon* le divinità dei popoli sottomessi). Ebbene, il dialogo interreligioso sembra essere al cuore dell'esperienza religiosa biblica.

Ogni discorso su Dio o sul divino, si svolge non solo tra credenti e non credenti, ma anche tra la parte credente e "l'angolo non credente" che (secondo l'espressione di Martini) ciascun credente ha in sé. Non c'è quindi "teo-logia" senza "dia-logia".

A maggior ragione questo vale nell'ambito della religiosità biblica: come nella notte dell'Esodo, credenti e non credenti sono come separati dalla nube chiaroscura del mistero e non possono quindi "avvicinarsi gli uni agli altri" [Es 14,20]; tale nube è "luminosa per gli uni", ma da dietro, così da illuminarne il cammino, facendo vedere il non visto, se non *di riflesso*; ed è "oscura per gli altri", che però in tale *enigma* cercano di penetrare lo sguardo.

Il dialogo permette alle due parti di parlarsi al di là del mistero che li divide.

1. I fondamenti biblici

1.1 L'esempio e il comando di Gesù, la "costituzione" della Chiesa primitiva

Il messaggio di Gesù si presenta come affidato a pochi (i "discepoli"), ma destinato a tutti ("le folle", la moltitudine), secondo un paradosso espresso nel quarto vangelo dall'apostolo Giuda (non l'Iscariota): "Signore, com'è accaduto che devi manifestarti a noi e non al mondo?" [Gv 14,22]. La missione di Gesù è presentata a cerchi concentrici: dai discepoli destinatari del significato, alle folle a cui si deve parlare solo in parabole; alle "pecore perdute della casa di Israele", fino a "tutte le genti" e ad "ogni creatura" nell'invio missionario finale. L'estensione dai "pochi" a "molti" e tendenzialmente a "tutti" è avvenuta rapidamente, anche se gradualmente e in maniera articolata, nei venti anni tra la Pasqua cristiana e il cosiddetto Concilio di Gerusalemme.

Negli *Atti degli Apostoli* si ha la narrazione di come la comunità dei discepoli si è strutturata per cerchi concentrici nella Chiesa: i soli Galilei, i Giudei "Ebrei", ossia di lingua "ebraica" (in realtà aramaica), i Giudei Ellenisti, i Samaritani, gli Etnici "timorati di Dio" (ossia già credenti nel Dio di Israele ma non circoncisi), gli Etnici con le proprie religioni. Dalla distinzione etnica di "Popolo di Dio" (i "Giudei") e "altri popoli" (gli "Etnici" o "Gentili"), si arriva alla divisione trasversale di "credenti" e "non credenti" in Cristo. Alla fine di questa evoluzione, la Chiesa (come appare soprattutto dalle lettere paoline) si presenta strutturalmente come composta di Giudeocristiani ed Etnicocristiani e quindi necessitata a confrontarsi e differenziarsi rispetto sia ai Giudei *simpliciter*, sia agli Etnici *simpliciter*. Si tratta della prima istituzione religiosa strutturalmente universalistica ed interculturale insieme.

Significativamente, il quarto vangelo presenta tre grandi dialoghi di Gesù con un esponente di ciascuno dei gruppi religiosi a cui la Chiesa primitiva aveva presentato e proposto il vangelo: Nicodemo, per i "Giudei" (ovvero la comunità religiosa a cui apparteneva Gesù); la "Samaritana" (esponente della comunità che aveva in comune con i Giudei una parte delle Scritture); Pilato, per gli Etnici (ovvero tutti coloro che erano al di fuori di una tradizione religiosa comune). Il dialogo di Gesù con i tre si basa sull'elemento condiviso: con Nicodemo è l'interpretazione della Torah ("Tu sei maestro in Israele e non sai queste cose?"); con la Samaritana è l'interpretazione dell'esperienza religiosa monoteistica ("Voi <Samaritani> adorate quel che non conoscete, noi <Giudei> adoriamo quello che conosciamo"); con Pilato, presentato con i tratti del filosofo, è l'interpretazione stessa della verità ("Sono venuto per rendere testimonianza alla Verità"; "E che cos'è la verità?").

1.2 Il dilemma di Paolo: "Discorsi persuasivi di umana sapienza" o "stoltezza della predicazione"

Già la Torah distingueva la legge e religione noachica, rivolta alle genti, e quella mosaica, rivolta solo agli Israeliti; il Cristianesimo è la prima religione costitutivamente inter-etnica, di cui Paolo stesso fu il più lucido teorizzatore (perciò anche dal punto di vista di un non credente, Badiou ha visto in lui il fondatore dell'universalismo).

Paolo [Rm 1-2] distingueva l'umanità in due gruppi religiosi originari, i Giudei e gli Etnici, non tanto per le credenze, quanto per la Legge a cui sono soggetti: quella mosaica e quella della sola coscienza; da entrambi i gruppi provengono i cristiani.

Sempre Paolo [1Cor 1-2] aveva distinto due approcci alternativi a ciascuno di questi gruppi religiosi:
- un primo approccio è quello dei discorsi persuasivi, che verso i Giudei è basato sulle profezie (profezie e miracoli), in base all'atteggiamento teologico del "chiedere segni" e verso gli Etnici, e in particolare gli Elleni istruiti, è basato invece sulla ricerca razionale della sapienza e sul ricorso alla filosofia greca;
- un secondo approccio è quello della stoltezza del "lógos della Croce", presentata come "scandalo" per i Giudei e come "stoltezza" per gli Etnici.

In entrambi gli approcci, la proposta della specificità cristiana presuppone una forma di dialogo: nel primo si tratta di un dialogo vero e proprio, che cerca prima di tutto ciò che accomuna, attraverso l'*analogia* e le convinzioni condivise con gli ascoltatori (quelle che Aristotele chiamava "*éndoxa*"); nel secondo si tratta di un dialogo che colpisce subito l'interlocutore con la differenza fuori dell'opinione comune (ossia "*parádoxa*").

Quanto al primo approccio, gli Atti degli Apostoli narrano che Paolo, arrivato ad Atene, "dialogava in Sinagoga con i Giudei e con gli Etnici credenti in Dio", e poi "nell'Agorà, con certi *filosofi* epicurei e stoici" [At 17,17-18], che poi lo invitano a tenere il celebre discorso sulla collina dell'Areopago:

> "Cittadini ateniesi, vedo che in tutto siete molto timorati degli dèi. Passando, infatti, e osservando i monumenti del vostro culto, ho trovato anche un'ara con l'iscrizione: Al Dio ignoto. Quello che voi adorate senza conoscere [«agnooûntes»], io ve lo annunzio [«katangéllo»]: il Dio che ha fatto il mondo [«ho theòs ho poiēsas tòn kósmon»] e tutto ciò che contiene, che è Signore [«Kúrios»] del cielo e della terra, non dimora in templi costruiti dalle mani dell'uomo né dalle mani dell'uomo si lascia servire come se avesse bisogno di qualche cosa, essendo lui che dà a tutti la vita e il respiro e ogni cosa. Egli fece da uno solo tutte le nazioni degli uomini [...]. Per essi ha stabilito l'ordine dei tempi e i confini del loro spazio, perché cercassero Dio, se mai arrivino a trovarlo andando come a tentoni, benché non sia lontano da ciascuno di noi. In lui infatti viviamo, ci muoviamo ed esistiamo, come anche alcuni dei vostri poeti hanno detto: Poiché di lui stirpe noi siamo. – Essendo noi dunque stirpe di Dio, non dobbiamo pensare che la divinità sia simile all'oro, all'argento e alla pietra, che porti l'impronta dell'arte e dell'immaginazione umana. Dopo esser passato sopra ai tempi dell'ignoranza [«agnoías»], ora Dio ordina a tutti gli uomini di tutti i luoghi di ravvedersi, poiché egli ha stabilito un giorno nel quale dovrà giudicare la terra con giustizia per mezzo di un uomo che egli ha designato, dandone a tutti prova sicura col risuscitarlo dai morti" [At 17,16-31].[3]

Secondo i canoni della retorica greca, Paolo comincia ad accattivarsi la benevolenza degli interlocutori; qui Paolo pur tacendo il suo "sdegno al vedere la città piena di idoli" [At 17,16], non dissimula, ma cerca di

---

[3] Uno studio organico del discorso è stato fatto da VINCENZO GATTI, *Il discorso di Paolo ad Atene*, Paideia, Brescia 1982 (cf. in particolare, p. 167-208).

vedere e far vedere ciò che unisce i dialoganti anche in ciò che li divide; quindi in tutto è ravvisabile un elemento di verità.

Così Paolo prende spunto dall'esistenza ad Atene di un altare "Al *Dio ignoto*" [Agnósto; Theô;] (la superstizione popolare temeva, infatti, di dimenticare qualche divinità nel culto e di subirne perciò la malevolenza). Paolo, tuttavia, lo intende non alla luce del culto religioso, ma di quello razionale e morale (filosofico) [cf. Rm 12,1-2], rinviando ad alcune convinzioni condivise (*éndoxa*) dagli ascoltatori e citando a tal fine "anche alcuni dei poeti" ellenici (in realtà sono filosofi, Arato e Cleante, e l'intero ragionamento riprende, secondo Enrico Berti, la metafisica aristotelica).

La tesi paolina è che dell'unico Dio, causa prima del mondo, si può avere razionalmente (*analogicamente*, come diceva il libro della Sapienza) una conoscenza, ma generica, che, non essendo ancora personale, è piuttosto una "non conoscenza". Un esempio può aiutarci a capire: quando dico di conoscere un personaggio importante, in realtà so chi sia, ma non *lo* conosco personalmente, a meno che un "mediatore", che conosca sia lui che me, me lo abbia *presentato*. E Paolo intese appunto *far conoscere personalmente* Dio ai suoi interlocutori che lo conoscevano solo in astratto, agli *Etnici*, presentandolo tramite Gesù.

Anche se il discorso non riscosse il successo generale (perché "quando sentirono parlare di risurrezione di morti, alcuni lo deridevano, altri dissero: Ti sentiremo su questo un'altra volta"), tuttavia alcuni rimasero persuasi e divennero credenti ("fra cui anche Dionigi membro dell'Areòpago, una donna di nome Dàmaris e altri con loro"). La "derisione" è (e rimarrà) il segno dell'incomprensione dialogica del mistero cristiano.

L'approccio persuasivo non fu mai rinnegato da Paolo, il quale, all'inizio della sua lettera ai Romani, ribadirà che "le perfezioni invisibili di Dio sono contemplabili con l'intelletto nelle opere da lui compiute" e che "gli Etnici, pur non avendo la Legge [rivelata], sono Legge a se stessi" mediante la coscienza.

Quanto al secondo approccio, paradossale, è quello che Paolo utilizzò a Corinto, come lui stesso ricorda nella sua prima lettera alla comunità di quella città:

La mia parola e il mio messaggio non si basarono su discorsi persuasivi di sapienza, ma sulla manifestazione dello Spirito e della sua potenza, perché la vostra fede non fosse fondata sulla sapienza umana, ma sulla potenza di Dio.

Il messaggio cristiano è chiamato da Paolo «logos della croce» [«ho lógos... ho toû stauroû»] che opera salvificamente «mediante la stoltezza della predicazione» [«dià tês morías toû kerúgmatos»]:

E mentre i Giudei chiedono segni [semeîa aitoûsin]
e gli Elleni cercano sapienza [sofían zetoûsin],
noi invece predichiamo Cristo crocifisso,
scandalo [skándalon] per i Giudei,
stoltezza [morían] per gli Etnici;
ma per i chiamati, Giudei o Elleni [...],
potenza [...] e sapienza [sofían] di Dio.

Paolo significativamente usa il termine 'moría' – che indica stoltezza o insensatezza del comportamento –, piuttosto che il termine 'manía' – che indica invece turba mentale e in particolare l'invasamento religioso, stigmatizzato come patologico dai filosofi stoici (Epitteto [in *Diatribe*, 4.7.6] accuserà di mania proprio i cristiani) e ammesso con qualche cautela, come forma di ispirazione divina, da Platone (che nel *Fedro* associava la *mania* alla *mantica*, o arte divinatoria; e nel *Timeo* la abbinava alla ragionevolezza degli interpreti dei vaticini, come ricorda Colli). Ebbene, Paolo ammonisce la comunità di Corinto a non lasciarsi andare a forme estatiche di preghiera comune, perché altrimenti un estraneo che assistesse penserebbe che i cristiani siano in preda a mania («máinesthe»), mentre al contrario deve capire che "profetizzano" [1Cor 14,23-24].

Paolo parla piuttosto di stoltezza ('moría'), per indicare un comportamento sconcertante che appare insensatezza a chi non ne conosca i motivi, salvo poi rivelarsi sensatezza una volta che si allarghi la considerazione a fattori prima trascurati. Facciamo un esempio: se un tale scavalcasse il parapetto di un balcone al primo piano di una casa e cercasse di gettarsi di sotto, agli occhi degli astanti sembrerà folle; ma se poi si venisse a sapere che nella sua casa è entrato un pericoloso assassino, allora il suo comportamento apparirebbe sapiente e chiaro agli occhi di tutti.

Così in generale il *paradosso* cristiano (che è stato filosoficamente approfondito da Kierkegaard) è un fatto che può avere una duplice interpretazione, come in un dilemma: o lo scandalo (intenderlo come una follia) o la fede (intenderlo come una rivelazione divina). Ad esempio, di fronte al fatto del sepolcro vuoto di Gesù lo scandalo è dire: "hanno rubato il corpo di Gesù dal sepolcro", mentre la fede è dire: "è davvero risorto"; di fronte al prodigio di Pentecoste, lo scandalo è dire: "sono tutti ubriachi"; la fede è dire: "è venuto lo Spirito Santo". Pur non potendo dimostrare razionalmente la verità della fede, il Cristianesimo la presenta come più ragionevole dello scandalo, di cui si mostrano i limiti (ad esempio, non possono aver rubato il corpo per via delle guardie; non possono essere ubriachi di prima mattina). Di conseguenza, la fede viene presentata, con un procedimento di *abduzione*, come l'interpretazione illuminante che rende ragione di tutto e pertanto da accogliere. La stoltezza della predicazione, dunque, non è la negazione di ogni razionalità, ma come un allargamento della razionalità stessa.

2. Il fondamento cristologico del dialogo: l'unico "Logos" che illumina e che rivela

Nell'ebraismo si riconosceva già una duplice manifestazione di Dio, ossia nel creato e nella rivelazione biblica: "I cieli narrano la gloria di Dio...; la Legge del Signore è perfetta" [Sal 18]. Nel Cristianesimo questa distinzione è ripresa e tematizzata (a partire soprattutto dai primi capitoli della lettera ai Romani, dal discorso all'Areopago e dal Prologo di Giovanni).

Così, allo schema della duplice manifestazione di Dio all'umanità (ossia per creazione e per rivelazione; e quindi per natura e per grazia) corrisponde lo schema della duplice conoscenza umana di Dio (ossia per ragione e per fede; e quindi naturale e sovrannaturale):

- in virtù della creazione, l'umanità può, attraverso il creato e con il proprio intelletto e la propria coscienza, arrivare a conoscere *che* Dio c'è (ma non a conoscere "*chi* è"); può cioè conoscerlo come "Dio ignoto" (secondo la celebre espressione usata nel Discorso all'Areopago), oppure come Dio in quanto causa del mondo e non come è noto solo a se stesso (secondo l'espressione tommasiana);
- inoltre, in virtù della rivelazione, la comunità credente può, attraverso la Scrittura e con la fede in Cristo, arrivare a conoscere Dio come Padre, Figlio e Spirito Santo.

Nel Prologo di Giovanni, si presenta analogamente il *Lógos* (Verbo) di Dio con una duplice funzione:

- è il Verbo per cui tutto fu fatto e che illumina ogni uomo (donde la dottrina di Giustino dei *semi del Verbo* sparsi in tutta la cultura umana);
- ma è anche il Verbo che si è fatto carne in Gesù, il quale rivela il Padre a chi crede nel suo nome.

Alla luce di questa dottrina, per i credenti in Cristo dialogare con i non credenti in Cristo sarà come cercare di ridire, per quanto possibile, qualcosa della rivelazione per il tramite della manifestazione per creazione.

Possiamo dire, con un gioco di parole, che per il Cristianesimo il dialogo (*diálogos*) interreligioso tra cristiani e non cristiani è possibile proprio operando una mediazione tra (*diá*) le due funzioni del *Lógos*.

3. L'"invenzione" patristica[4]

3.1 L'approccio apologetico e dialogico dei "Padri preniceni"

La letteratura patristica prenicena e precostantiniana è caratterizzata dal confronto polemico dei "Cristiani" con i non cristiani sia "Giudei" sia "Filosofi" (ossia non sul piano della religione tradizionale greco-romana, ma su quello del "culto razionale" a cui già Paolo [Rm 1-2 e 12,1-2] aveva alluso).

---

[4] Il tema del dialogo interreligioso è stato recentemente messo al centro anche degli studi patristici, come risulta dalle lectures iniziale e finale e da alcuni workshops alla "International Conference of Patristic Studies", Oxford, 8–12 agosto 2011 e dal convegno della "Società Italiana di Studio del Pensiero Medievale", Siracusa, 26–29 settembre 2011.

Così, già nel secondo secolo dopo Cristo, i primi "filosofi" convertiti al Cristianesimo applicarono alla presentazione del messaggio cristiano la tecnica dialogica risalente a Socrate e sviluppata da Platone.

Come Socrate aveva sostenuto con argomenti razionali la propria Apologia (cioè difesa giudiziaria) dalle accuse mosse contro il suo operato filosofico, così Aristide e Giustino e diversi altri hanno sostenuto, sempre utilizzando argomenti razionali, l'Apologia del Cristianesimo davanti alle autorità imperiali.

Curiosamente anche uno degli argomenti addotti da Socrate nella sua Apologia (perlomeno nel testo trasmesso da Platone) è implicitamente citato dalla *Lettera a Diogneto*, una lettera di autore ignoto, destinata a un greco interessato al Cristianesimo e a cui l'autore vuole confutare le accuse mosse ai cristiani da "pagani" ed Ebrei. Socrate diceva di aver ricevuto dal "dio" un posto nella "pólis" che non gli era consentito abbandonare: la parola da lui utilizzata ("táxis") indicava la posizione del soldato nello schieramento di guerra dell'esercito. È per questo motivo che Socrate non fece nulla per evitare la condanna e la sua esecuzione.

Anche l'autore della *Lettera a Diogneto* dice che "i Cristiani hanno ricevuto da Dio un posto tale che non è lecito a loro abbandonare".

Possiamo oggi sviluppare questo concetto alla luce della dottrina della coscienza: c'è un posto che ciascuno può arrivare a "sentire in coscienza" (retta e formata) come "il suo". Dunque lo sento come il "posto per me", non nel senso che sia da me *voluto* "*secundum* me" (secondo i miei comodi), ma nel senso che è da me *scoperto* come quello "pro me" (quello pensato e voluto per me da un Altro): per dirla con una metafora evangelica, è come il punto in cui il tralcio è attaccato alla Vite; l'importante è essere attaccati alla Vite, ma ciascuno può esserlo solo nel "posto" in cui è stato destinato.

Nella *Seconda apologia*, Giustino riprende e precisa i suoi temi forti: "il seme del Logos è insito in ogni razza umana" [8]; così, Socrate fu come i cristiani accusato ingiustamente di ateismo perché "non riteneva dèi quelli in cui credeva la città", ma esortava al culto del "Dio ignoto", ossia al Demiurgo e Padre difficile da scoprire [10], di cui aveva poi parlato Platone nel *Timeo* e a cui Paolo si era richiamato nel suo discorso sull'Areopago; insomma, proprio perché "il Logos è il divino seminatore", la sua azione si estende dovunque, e pertanto "tutto quello che di buono è stato detto da tutti appartiene ai Cristiani", così che "la dottrina di Platone non è né del tutto simile né del tutto estranea a quella di Cristo" [13].

Giustino è autore anche del *Dialogo con Trifone*, primo esempio di dialogo in cui il Cristianesimo si confronta parallelamente con la filosofia greca e con il giudaismo.[5]

Al giudeo Trifone che lo interpella sulla filosofia da lui professata, Giustino racconta preliminarmente i dialoghi che lui stesso aveva intrattenuto con i filosofi delle diverse scuole greche prima di trovare un maestro misterioso che lo aveva condotto a ragionare sui limiti della filosofia e ad accettare con fede le profezie ebraiche e cristiane [7]: in particolare, Giustino, incrociando una citazione filosofica ("la scintilla improvvisa" della sapienza secondo la settima lettera di Platone) e una biblica (il "cuore ardente" dei discepoli di Emmaus), dice che "il fuoco, gli era divampato nell'animo all'istante", mostrandogli che il Cristianesimo "era l'unica filosofia certa e proficua" [8].

Finito questo racconto, comincia tra Giustino e Trifone la discussione vera e propria, che si serve della filosofia quasi come di un mezzo. Come suggerisce Lettieri, il dialogo si evolve da una prospettiva socratica, in cui si confrontano le opinioni perché nessuno "sa", ad una prospettiva platonica, in cui le opinioni personali vanno superate con una dialettica che riporta alle "idee", per culminare in una nuova prospettiva, in cui il "Logos" stesso si rivela.

Su questa scia si troveranno l'opera di Clemente Alessandrino e la risposta di Origene alle accuse di Celso contro i Cristiani; inoltre (anche senza il ricorso alla filosofia) l'opera degli altri apologisti cristiani.

---

[5] Cf. GIUSTINO, *Dialogo con Trifone*, Paoline, Milano 1988 (che traduce dal testo stabilito da E. J. Goodspeed, *Die ältesten Apologeten*, Göttingen 1914, p. 90-265); per la contestualizzazione cf. GIUSEPPE VISONÀ, *Introduzione*, ibid., p. 13-80 e alcuni suggerimenti di GAETANO LETTIERI.

3.2 L'approccio "in assenza" o "a distanza" dei "Padri postniceni"

Il quarto secolo segna sia la definizione dogmatica dell'identità cristiana, sia la trasformazione dell'Impero Romano in Stato cristiano (e la conseguente trasformazione, per dirla con Kierkegaard, del "Cristianesimo" in "cristianità"). La progressiva sparizione dei culti tradizionali (iniziata a causa degli editti teodosiani e compiuta con la chiusura, operata da Giustiniano nel 529, delle scuole filosofiche) porterà anche a una trasformazione del genere del dialogo interreligioso: la distinzione tra Filosofi, Giudei e Cristiani viene così intesa non più come una partizione sincronica tra interlocutori, ma come una successione diacronica di senso. – Di conseguenza, anche il genere del dialogo interreligioso assume spesso la forma di un dialogo senza interlocutori diretti.

Ad esempio, in ambito greco Basilio (vescovo di Cesarea tra 370 e 379) rivolse un emblematico *discorso ai giovani:*[6] si tratta di un dialogo con gli studenti di fede cristiana e di cultura greca; di fatto però è un monologo e un dialogo con i greci "pagani", ma in loro assenza. La letteratura greca studiata a scuola era inestricabilmente collegata con l'antica religione greca e Basilio dà i criteri per lo studio cristiano dei classici: non si devono seguire supinamente gli autori della scuola [1.6]; occorre leggere i libri di letteratura greca come fossero ombre e specchi per prepararsi alla lettura della Scrittura [2.7]; ben venga il confronto fra le due rispettive dottrine, ma per stabilire che la dottrina evangelica è migliore [3.1]; tuttavia, quando ci s'imbattesse in discorsi immorali o politeistici, occorrerà tapparsi le orecchie come avevano fatto i compagni di Ulisse con le sirene [4.2] (ed è degno di nota che questa similitudine sia desunta proprio dalla mitologia "pagana").

Parallelamente, in ambito latino, Ambrogio (vescovo di Milano) tutelò i diritti dei cattolici nei confronti di "pagani", ebrei ed ariani (a volte con eccessi oggi non giustificabili) e nel 388 imbastì con Simmaco, prefetto "pagano" di Roma, un polemico dialogo a distanza, mediante gli

---

[6] BASILIO DI CESAREA, *Discorso ai giovani*, Nardini, Firenze ²1990.

scritti inviati da entrambi all'Imperatore[7] a proposito della proposta, caldeggiata da Simmaco e contrastata da Ambrogio, di ripristinare nella curia senatoria l'altare "pagano" della Vittoria (come emblema della *religio* civile).

Nella sua lettera [18] all'Imperatore, Ambrogio criticava le motivazioni addotte da Simmaco: se gli dèi hanno bisogno della protezione dell'imperatore, vuol dire che non possono garantire la protezione dell'imperatore; inoltre, se si serbasse sempre e solo la tradizione non ci sarebbe mai progresso; infine non si può invocare l'eguaglianza e poi chiedere privilegi; né si può imporre a qualcuno di compiere un culto in cui non crede e che ritiene offensivo.

Simmaco aveva inoltre posto una questione che suona anticipatrice di alcune teorie odierne sul pluralismo religioso:

"Abbiamo in comune il cielo; siamo parte dello stesso universo: che importa con quale saggezza («qua [...] prudentia») ciascuno cerchi il vero? Non si può seguire una sola strada per raggiungere un così grande mistero" [*Relatio III*, 10].

La replica di Ambrogio (sebbene ingenerosa nel ridurre il politeismo all'adorazione di statue) opponeva alla religione di tipo naturalistico quella cristiana, che si appella a una rivelazione, e la possibile alleanza della filosofia con la seconda piuttosto che con la prima:

Ciò che voi ipotizzate, a noi è noto dalla stessa sapienza e verità di Dio. Non c'è accordo dunque fra la vostra e la nostra condotta («non congruunt igitur vestra nobiscum») [...].

Dio non vuole essere adorato in una pietra. Perfino i vostri filosofi ne hanno riso [*Epistolae*, 18.8].

---

[7] Cf. SIMMACO - AMBROGIO, *La maschera della tolleranza. Ambrogio, Epistole 17 e 18. Simmaco, Terza Relazione,* introduzione di Ivano Dionigi, trad. it. di ALFONSO TRAINA, con un saggio di MASSIMO CACCIARI (*La maschera della tolleranza*, p. 110-148), testo latino a fronte, Rizzoli, Milano 2006.

Insomma, in questo "dialogo a distanza" e senza simpatia, emerge che non è sufficiente, anzi è controproducente, una tolleranza intesa in senso debole, come "dissimulazione", e non in senso positivo e forte (che oggi qualifichiamo come "rispetto").

3.3 L'approccio rinnovato di Agostino e (Pseudo)Dionigi: soliloquio, confessione, silenzio

Il genere del dialogo, sebbene ridotto, per l'assenza di interlocutori diretti, da interreligioso a semplicemente religioso, si arricchisce di nuovi valori grazie ad Agostino (che fa tesoro della tradizione accademica, in particolare ciceroniana, e plotiniana) e allo PseudoDionigi (che fa tesoro della tradizione procliana).

Agostino introduce due innovazioni geniali nella concezione del dialogo, coniandone anche i nomi: il 'Soliloquium' quale dialogo non tra interlocutori, ma tra sé e sé, o meglio tra il sé di Agostino e quello della sua stessa Ragione, e la 'Confessio', quale dialogo tra sé e Dio.[8] In questa luce la filosofia sarebbe *Soliloquio*, ossia dialogo fra il sé empirico e il Sé trascendentale, e pertanto comunicabile ad altri; viceversa la teologia rivelata sarebbe dialogo o colloquio con Dio, ovvero *Confessione*. D'altra parte la "dialettica" (originariamente "arte del dialogo") è assunta da Agostino come "disciplina delle discipline", per mezzo della quale conoscere la verità [cf. *De ordine* 2.13.38].

All'inizio del secondo libro dei *Soliloquia*, Agostino enuncia una preghiera che è anche una geniale formula dialogica: "O Dio, che sei sempre il Medesimo, che io *mi* conosca; che io *ti* conosca". Così non solo identifica il Dio della fede biblica e la realtà prima dei filosofi, ma anche connette la conoscenza di sé e di Dio, ossia, rispettivamente, la filosofia

---

[8] Cf. AGOSTINO, *Soliloqui*, 2.7.14; 1.1-2; 2.1; *Confessioni* 1.1; *Ritrattazioni* 2.6.1 e *Sermone sulla triplice confessione*; GIOVANNI CATAPANO, *Soliloquio e dialogo nel giovane Agostino*, in *La filosofia come dialogo a confronto con Agostino*, a cura di LUIGI ALICI, REMO PICCOLOMINI, ANTONIO PIERETTI, Città Nuova, Roma 2005, p. 37-57. Sulla "dialettica" agostiniana, cf. anche GAETANO PICCOLO, *I processi di apprendimento in Agostino di Ippona*, Aracne, Roma 2009.

di matrice socratica (e poi accademica, epicurea, stoica) e quella di matrice platonica (e poi aristotelica e neoplatonica) e connette il dialogo per così dire trascendentale e filosofico (tra sé, soggetto empirico, e la soggettività comunicabile della Ragione), al dialogo trascendente e teologico (tra sé e il Tu assoluto che è Dio).

Lo Pseudo-Dionigi [9] (il neoplatonico cristiano che significativamente si presenta come il Dionigi convertitosi per il "dialogo persuasivo" di Paolo all'Areopago), nella trattazione dei *Nomi divini* [cf. 1] e della *Teologia Mistica* [cf. 1-3] sviluppa una regola teologica di grande importanza, ricavata dalla congiunzione tra linguaggio biblico e filosofia neoplatonica: l'immensità di Dio si può esprimere solo con attribuzioni per noi antinomiche, ma coincidenti in lui; anzi, per parlare di Dio occorre attribuirgli anche simboli sconvenienti (per indurre l'uomo ad andare oltre) e contrapporre all'affermazione di perfezioni in lui per analogia (Dio è bene), la negazione delle medesime per la dissomiglianza che supera l'analogia (Dio non è bene, alla maniera cioè del bene creaturale), per giungere in questo modo ad una sublimazione per sovreminenza (Dio è più che bene).

Proprio in base a questa concezione della "verità unica ed occulta", Dionigi nella *lettera* sesta biasima "l'inveire contro un culto o un'opinione che non paiono buoni", ossia nega che la confutazione delle altre religioni possa servire come dimostrazione della religione vera; raccomanda perciò di "non parlare contro gli altri", ma di "parlare in favore della verità".

4. Il laboratorio "medioevale"

Sebbene ogni periodizzazione sia convenzionale, tuttavia nel mondo mediterraneo ci sono state alcune cesure prima fra il quarto e il settimo secolo e poi fra il quindicesimo e il sedicesimo secolo, che possono farci indivi-

---

[9] Anche nel caso che si trattasse di un pagano che si fingeva cristiano (come Damascio), come ha sostenuto nel 2006 CARLO MARIA MAZZUCCHI, resta il fatto che è stato recepito come cristiano dai cristiani.

duare almeno quattro dimensioni (geopolitica, linguistica, socioculturale, religiosa) di una "età intermedia" tra una precedente (antica) e una seguente e a noi più vicina (moderna). Possiamo intendere questa Età di Mezzo come il processo di rielaborazione dell'eredità culturale ellenistico-romana e dei popoli di nuova immigrazione grazie all'apporto fondamentale delle tradizioni religiose di matrice biblica. In altre parole, possiamo considerare il Medioevo come un grande laboratorio di dialogo interreligioso e interculturale, che può offrire ancora modelli attuali, sebbene con alcuni limiti (come una certa confusione tra identità religiosa e appartenenza linguistico-culturale) e difetti (come la mancata o imperfetta distinzione tra sfera religiosa e sfera secolare, a cui ovvierà il processo della modernità).[10]

---

[10] Cioè la conquista islamica dei paesi cristiani del Medio Oriente, dell'Africa, della Sicilia e della Spagna, e il successivo sforzo cristiano di riconquista, con l'idea di "guerra santa" [cf. JEAN FLORI, *Guerre sainte, jihad, croisade: violence et religion dans le christianisme et l'islam*, Éd. du Seuil, Paris 2002]; lo scisma del 1054 tra cristianità occidentale e orientale, acuitosi dopo la conquista latina di Costantinopoli nel 1204; la condizione di minorità di ebrei e cristiani (come *Dhimmi* e poi, sotto l'impero turco, con il regime di *Millet* [cf. BAT YE'OR, *Les chrétientés d'Orient entre Jihâd et Dhimmitude, VIIe-XXe siècle*, prefazione di JACQUES ELLUL, Cerf, Paris 1991]; la condizione di vessazione delle minoranze ebraiche e più raramente musulmane (a parte la parentesi di tolleranza nel Regno normanno e Svevo di Sicilia), fino alle espulsioni dalla Spagna nel 1492; la persecuzione, ovunque, di tutte le minoranze dissidenti). Nel Medioevo cattolico latino (grazie anche allo sviluppo del diritto canonico) la distinzione tra le sfere religiosa e secolare almeno teoricamente c'era [cf. CARLO FANTAPPIÈ, *Storia del diritto canonico e delle istituzioni della Chiesa*, Il Mulino, Bologna 2011; ID., *La dimensione giuridica veicolo della razionalizzazione nella Chiesa*, relazione al Congresso su "L'uomo dell'età moderna e la Chiesa", Università Gregoriana, novembre 2011]. Ad esempio, i cristiani erano detti "Franchi" dagli arabi musulmani; i musulmani erano detti "Saraceni" dai cristiani latini e "Achemenidi" dai cristiani bizantini; gli europei cattolici tra loro si consideravano "Latini", anche se poi erano "Angli", "Franchi", "Normanni", "Lombardi" (ma i "clerici" o dotti di queste diverse nazioni comunicavano tra loro in latino); d'altra parte, autori ebrei e cristiani nei territori islamici si esprimevano anche in arabo.

	Cesure tra il IV e il VII secolo	Cesure tra il XV e il XVII secolo
Medioevo geopolitico	Rottura dell'unità del mondo del Mediterraneo ("mare nostrum") ad opera delle invasioni germaniche (soprattutto tra 410 e 476) e poi di quelle arabe (dal 632) e formazione di tre "sponde" contrapposte: latino-germanica e cattolica ("Europa occidentale"), bizantino-slava e ortodossa ("Oriente cristiano"), araba e islamica; con minoranze sparse, soprattutto ebraiche	Fine del "mondo a tre sponde" con la caduta di Costantinopoli (1453) e le scoperte geografiche, in particolare del "nuovo mondo" (1492), "non contaminato" ancora da influenze esterne
Medioevo linguistico	Dall'uso di due lingue di scambio comuni (greco ellenistico, latino) alla divaricazione tra latino medievale, greco bizantino, arabo, ebraico e siriaco	Passaggio sempre più consistente ai volgari nazionali in Europa anche nella cultura alta (dal XIII al XIV secolo)
Medioevo socioculturale	Dispersione degli archivi e delle biblioteche antiche a causa delle invasioni; fine del sistema scolastico antico; lenta nascita delle scuole monastiche e cattedrali, fino alla nascita delle università	Invenzione della stampa moderna (1455) e nascita della "Galassia Gutenberg"
Medioevo religioso	Progressiva cristianizzazione della società romana con gli Editti di Costantino (313), Teodosio (380) e Giustiniano (529); fine delle religioni etniche e del mito; confronto fra le tre "leggi", ebraica, cristiana e musulmana. Formazione della *res publica Christiana*	Fine della *res publica Christiana* a causa della rottura dell'unità religiosa europea con la Riforma protestante (1517) e della progressiva secolarizzazione, ossia separazione tra sfera civile e sfera religiosa con le Paci di Augusta (1555), di Vestfalia (1648)

Il mondo medioevale mediterraneo aveva tre "sponde" (latino-cattolica, greco-ortodossa, e arabo-islamica), a cui si aggiungevano piccole "isole" dell'ebraismo e dei gruppi religiosi e culturali marginali ed emarginati: tutti però accomunati dal concepire la "religione" come "legge" (di Dio), nel duplice senso di manifestazione e di norma. Nonostante le difficoltà, il Medioevo fu anche il periodo delle relazioni culturali, sociali e commerciali tra diverse comunità di cristiani, ebrei e musulmani e soprattutto fu l'età del fiorire del dialogo interreligioso, ancorché solo come genere *letterario*. Anzi, la caratteristica unificante delle "teologie medioevali" fu proprio la ricerca di una "interculturazione" tra monoteismi, mediante l'elaborazione di una "koinè" filosofica, costituita da una filosofia aristotelica contemperata di platonismo e riletta creazionisticamente. Se l'approccio cristiano medievale al dialogo interreligioso ha il limite di non riconoscere l'inviolabilità della coscienza, ha tuttavia il merito di cercare e trovare un "medio *interculturale*" fra le tre religioni mediterranee: allargare la comunanza ha portato ad andare più a fondo in una dimensione, più vaga ma non riduttiva, cioè non *aconfessionale*, ma *preconfessionale*.

4.1 Approccio "razionale" e "amicale" in Anselmo e Gilberto Crispino

All'inizio del secondo millennio, Anselmo d'Aosta, nel *Cur Deus Homo*, aveva provato a elaborare una presentazione dell'incarnazione plausibile razionalmente, prescindendo dalla figura storica di Cristo: aveva perciò operato una "rimozione di Cristo" (ovvero, per usare un'espressione husserliana, una "messa fra parentesi" di Cristo). Sempre Anselmo nel *Proslogion* aveva poi inventato la figura dell'*insipiens* che non credeva nell'esistenza di Dio. In questa maniera, il dialogo del credente con Dio (questo è il senso del titolo *Proslogion*) diveniva dialogo (interreligioso) con un non credente. Discepolo e amico di Anselmo in Inghilterra, Gilberto Crispino scrisse la *Disputatio iudaei et christiani* (o *Dialogo con un Ebreo*), che viene oggi apprezzata per la sua originalità e pacatezza.[11] Gilberto la presenta come una discussione reale, avvenuta tempo addietro tra lui e un ebreo ben istruito che veniva spesso al monastero, sia per affari, sia solo per incontrarlo, al punto di essergli divenuto "molto familiare" e che ad ogni loro incontro "conversavano delle Scritture e della loro fede amichevolmente [«amico animo»]"; un giorno, avendo più tempo del solito a disposizione, cominciarono a "discutere insieme" [«inter nos quaestionari»]: l'interlocutore ebreo "faceva obiezioni" [«opponebat»] contro la fede cristiana, ed anzi "le obiezioni che faceva erano azzeccate e consequenziali", e Gilberto rispondeva da presso, appoggiandosi sulla "testimonianza delle Scritture" che era accettabile anche per l'interlocutore.

Più tardi Gilberto scrisse anche il *Dialogo con un gentile* (pagano), che però è costruito ad arte.

Nei due dialoghi è centrale l'elaborazione di un concetto di razionalità compatibile con la fede. L'accusa che si scambiano i rappresentanti delle tre religioni è quello di *amentia*, di essere senza mente, irrazionali.

Il Giudeo ad esempio dice: "Voi cristiani dite che noi giudei siamo irragionevoli [«amentes»], ma con tua pace direi: voi cristiani siete del tutto irragionevoli [«amentes»]" [*Dialogo con un Ebreo*, 6]

Il Gentile da parte sua dice: "Voi cristiani ci chiamate irrazionali, ma non siamo del tutto privi di ragione, come voi dite"; il Cristiano contrattacca nei confronti di entrambi, cercando di "rendere ragione" della fede [cf. *Dialogo con un pagano*, 1 e 7].

---

[11] Tra i dialoghi o le opere polemiche verso gli ebrei (cf. D'ONOFRIO, *Storia della teologia*, cit., p. 190-191), ci sono ad esempio la *Disputatio contra Iudaeum Leonem nomine* di Oddone di Tournai, il *Tractatus de incarnatione contra Iudaeos* di GUIBERTO DI NOGENT, il *Contra perfidiam Iudaeorum* di PIETRO DI BLOIS. Vi si riflette la condizione sfavorevole in cui gli ebrei vivevano nella società. Le opere di autori cattolici latini di confronto con gli ebrei sono l'occasione in particolare per affrontare il nodo della relazione tra Antico e Nuovo Testamento (e a rispondere all'obiezione: perché i cristiani riconoscono la legge mosaica come ispirata da Dio, ma non la osservano?) e la questione della Trinità e dell'incarnazione.

4.2 L'approccio "arbitrale" di Abelardo nel dialogo tra un filosofo, un ebreo e un cristiano[12]

Abelardo rinnova il genere del dialogo tra rappresentanti delle religioni con l'espediente letterario di un sogno ("visione notturna", come quelle del profeta Daniele), in cui Abelardo stesso è scelto come giudice della contesa fra il Filosofo (che in parte presenta i caratteri di filosofo arabo, in parte esprime un punto di vista abelardiano), l'Ebreo e il Cristiano sulla vera religione. Il dialogo è inconcluso per dire che il lettore deve fare la sua scelta (scontata). Il Filosofo intende seguire ciò che è più conforme a ragione e quindi ritiene che i Giudei siano stolti («stultos») e i Cristiani folli («insanos»); nella discussione egli sembra prevalere, ma solo perché "non avendo professato nessuna Legge [= religione], cede solo ai ragionamenti", in cui eccelle rispetto agli altri.

Disputando con l'Ebreo e con il Cristiano, il Filosofo mette in guardia dal rischio di considerare sacro tutto ciò che è tramandato, rivendica il ruolo della ragione nei confronti dell'autorità e respinge la conversione per violenza.

Reinterpretando alla luce della tradizione agostiniana il celebre assioma evangelico, Abelardo professa la fiducia che "chi cerca [...] con la discussione [«disputando»] trova" e la convinzione che la logica sia l'arte della discussione [cf. 109]; riprendendo anche un adagio del suo tempo, Abelardo enuncia una regola fondamentale: "Nessuna dottrina è così falsa da non contenere in sé qualche verità, e nessuna discussione è tanto frivola, da non poterne trarre qualche insegnamento".[13]

---

[12] In latino "Collationes", nel senso di "discussioni". PIETRO ABELARDO, *Dialogo di un filosofo, un giudeo e un cristiano*, Rizzoli, Milano 1992.

[13] Cf. GUGLIELMO DI CONCHES, *Dragmaticon Philosophiae*, tradotto come *Dialogo di Filosofia*, I, in TEODORICO DI CHARTRES, GUGLIELMO DI CONCHES, BERNARDO SILVESTRE, *Il divino e il megacosmo*, a cura di Enzo Maccagnolo, Rusconi, Milano 1980, p. 258.

4.3 Predicazione o testimonianza per Domenico e Francesco

Francesco ha espresso un approccio ai non cristiani (e in particolare ai musulmani) originale e alternativo, che riprende in parte e rinnova quello paolino della "stoltezza della predicazione". Fin dal 1212 aveva deciso di recarsi ad evangelizzare i musulmani, e ne ebbe occasione nel 1219 a Damiata, sul delta del Nilo, ove si combatteva la quinta crociata tra le forze crociate e quelle del Sultano di Egitto. Le prime testimonianze sull'episodio[14] dicono semplicemente che Francesco, attraversata la linea e passato in campo avversario fu inizialmente maltrattato dai soldati saraceni, ma poi fu invece ben accolto dal Sultano, che lo ascoltò senza però convertirsi.

Entrambe le regole francescane rimasteci hanno un capitolo dedicato ai rapporti con l'Islam: il sedicesimo della *Regula non bullata* del 1221 e il dodicesimo di quella *bullata* del 1223, col titolo: «de euntibus inter saracenos et alios infideles». Nella prima, ai frati che col consenso dei superiori decidano di andar missionari tra i musulmani, Francesco prescrive di ordinare i rapporti spirituali in due modi: innanzitutto, che "non facciano liti né contese" (quindi neanche discussioni pubbliche), "ma siano soggetti ad ogni umana creatura per <amor di> Dio [1Pt 2,13] e professino di essere cristiani"; e che solo in un secondo momento, se si verificasse l'occasione favorevole, "annuncino loro la Parola di Dio affinché credano" (nella Trinità che opera nella creazione e nella redenzione tramite il Figlio), siano battezzati e divengano cristiani. Quest'ultima frase sull'annuncio sarà eliminata nella *regula bullata*, probabilmente perché irrealistica almeno in territori musulmani.

Quanto al contemporaneo Domenico, era stato il desiderio di recuperare alla Chiesa cattolica i cosiddetti eretici (come gli Albigesi contro cui era stata scatenata una sanguinosa persecuzione nel 1209) a suggerirgli l'opera della "praedicatio": a tal fine fondò un ordine di predicatori dedito ad una vita apostolica, che, per essere credibile, doveva essere anche coerentemente evangelica, dato che Gesù stesso "aveva cominciato a fare prima che a insegnare" [cf. At 1,1].

---

[14] Cf TOMMASO DA CELANO, *Vita prima*, 1.20 (57); e soprattutto GIACOMO DA VITRY, *Lettera da Damiata* (del 1220), 2 (Giacomo era vescovo d'Acri e aveva incontrato personalmente Francesco).

Nel 1216 il Papa Onorio III approvava come ordine religioso i "fratres praedicatores" di Domenico (che cioè non occasionalmente, ma stabilmente e idoneamente predicassero).

4.4 L'alternativa tra Tommaso e Bonaventura: "Ragioni dimostrative e probabili" o "Miracoli"

La differenza complementare fra i due approcci della predicazione di Francesco e Domenico ai non credenti si ritrova, rispettivamente riflessa, nei due maggiori teologi dei due Ordini del tredicesimo secolo, il domenicano Tommaso e il francescano Bonaventura.

Per Tommaso la fede è riguardo alla *res credita*: per questo la fede della Chiesa è una, anche se quella dei moderni è più articolata di quella degli antichi, tuttavia si può enunciare il contenuto della fede in "articoli" e nelle loro conseguenze.

Dovremo quindi distinguere:

- proposizioni che possono essere dimostrate razionalmente come vere;
- proposizioni che non possono essere dimostrate razionalmente come vere o false;
- proposizioni che possono essere dimostrate razionalmente come false.

Sovrapponendo la tripartizione tommasiana e quella moderna resa celebre da Locke (nella *Ragionevolezza del Cristianesimo*), possiamo distinguere una triplice sfera di enunciazioni: la sfera del probabile (ossia di quello che chiameremmo ragionevole: "above reason", ma non "against reason"), la sfera dell'evidente o del dimostrativo (ossia di quello che chiameremmo razionale: "according to reason"), la sfera dell'assurdo (ossia di quello che chiameremmo irrazionale: "against reason"). Anche se ciò che è sopra la ragione appare contro di essa, lo è solo nel senso di una "pazzia secondo gli uomini" che però intesa in senso più ampio è sapienza divina.

Tornando alla distinzione delle proposizioni riguardanti i misteri divini, esse possono appartenere alla filosofia e alla teologia; quelle che stanno all'intersezione di filosofia e teologia (appartenendo ad entrambe) sono "praeambula fidei"; quelle invece che sono proprie solo della teologia sono gli "articuli fidei", con le rispettive conseguenze.

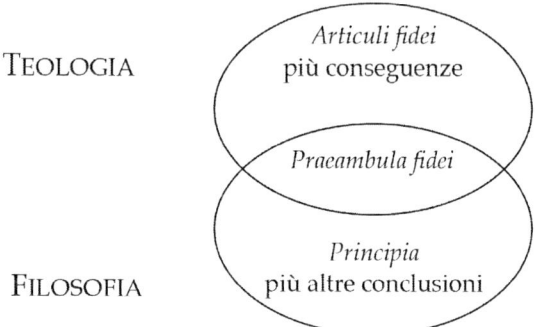

In base allo schema della duplice funzione del Verbo, è impossibile che la proposizione contraddittoria di un articolo di fede rientri nelle proposizioni filosoficamente certe. Pertanto, di ogni proposizione di fede è possibile, se non proprio dimostrare filosoficamente la verità, perlomeno dimostrare filosoficamente la falsità della contraddittoria. In altre parole, le proposizioni di fede sono filosoficamente almeno problematiche (in altre parole, non si può dimostrare filosoficamente che Dio è uno e trino, ma che *potrebbe* comunque esserlo); e sono teologicamente certe, ma non per noi evidenti (lo sarebbero di per sé, ma non per noi in via), sebbene abbiano comunque una loro intrinseca convenienza.

Il concetto di "dialogo" è da Tommaso espresso perlopiù mediante i termini 'communicatio' e 'disputatio' (o anche 'discussio'); viceversa 'dialogus' è da lui utilizzato quasi esclusivamente per indicare gli scritti in forma di dialogo; solo una volta Tommaso cita il termine in senso aristotelico e pertinente al nostro tema, opponendo l'argomentazione che si adotta «in demonstrativis scientiis» a quella che avviene «in *dialogis*, idest in dialecticis syllogismis» [CPA 1.22.11].

Dunque "dialogo" è una discussione su ragioni non dimostrative ma probabili e persuasive (secondo la dialettica aristotelica, e non più quella socratica e platonica).

In un opuscolo destinato agli ecclesiastici operanti nei regni crociati mediorientali, Tommaso rispondeva in particolare al committente che gli chiedeva "ragioni [ossia ragionamenti] morali e filosofiche, accettate dai Saraceni: infatti, inutilmente si porterebbero riportare citazioni autorevoli [«auctoritates»] contro quanti non le accettano" [OCG 1.7].

Ebbene, questo principio ispira tutta la costruzione della cosiddetta *Summa contra gentiles*, il cui prologo possiamo provare a leggere in sinossi con un passo di una delle conferenze tenute da Bonaventura nel 1273, da cui si evince il diverso atteggiamento del dottore francescano:

| **TOMMASO** | **BONAVENTURA** |
CONTRA GENTILES, PROLOGO	*IN HEXAEMERON*, 19
"Maomettani" e "pagani" non hanno in comune con noi l'autorità di alcuna Scrittura, per cui possano essere convinti, così come possiamo discutere contro i Giudei attraverso l'Antico Testamento, o contro gli "eretici" attraverso il Nuovo. Quelli invece non accettano nessuno dei due. Perciò è necessario ricorrere alla ragione naturale, a cui tutti sono costretti ad assentire. Ma essa è insufficiente nelle cose divine.	Tieni conto del beato Francesco che predicava al Sultano. Il Sultano gli disse di discutere con i suoi sacerdoti. Ed egli disse che non poteva discutere di fede in base alla ragione, in quanto è sopra la ragione, né poteva farlo mediante la Scrittura, in quanto essi non l'avrebbero accettata; ma chiedeva di accendere un fuoco e di entrarvi lui e loro.

In fondo, Tommaso e Bonaventura hanno formulato i due approcci complementari (dialogico e testimoniale) con cui il Cristianesimo si rapporta ai non cristiani.

4.5 *L'approccio polemico (per confutazione): da Pietro il Venerabile a Ricoldo e da Palamas a Manuele Paleologo.*

Un altro approccio tipicamente medievale nei confronti delle altre religioni (in particolare dell'Islam) è stato quello della *polemica*, che, sebbene spesso così virulenta da suonarci oggi oltraggiosa e a volte poco attenta a capire l'interlocutore nel suo contesto, comunque ne ha promosso una maggiore conoscenza e lo ha preso sul serio.

4.6 L'approccio "fantastico" di Raimondo Lullo

Tra Due e Trecento, l'approccio di Raimondo Lullo sembra unire la via della testimonianza e quella delle *rationes*[15].

Significativamente, al termine della sua vita, nell'autobiografica *Disputatio* con il chierico Pietro si autodefinisce «*phantasticus*», ossia "utopista", visionario, illuso, o, in una parola, *sognatore*, auspicando alla fine del tredicesimo secolo l'istituzione di collegi ove insegnare le diverse lingue e formare missionari, dedicandosi alla conversione di tutti gli "infedeli" (innanzitutto i musulmani spagnoli, ma anche gli averroisti latini), "finché il popolo degli infedeli si unisca a quello dei fedeli e si faccia un solo gregge sotto un solo pastore"[16].

Lullo fu autore in particolare del significativo *Libro del Gentile e dei tre savi*, un dialogo di un pagano con tre savi, un ebreo, un cristiano e un musulmano, sul culto naturale di Dio e la vera religione rivelata. Si noti come il paradigma del dialogo cristiano con le altre religioni si sia trasformato rispetto all'inizio del basso medioevo: dal dialogo di Abelardo tra un filosofo (pagano), un ebreo e un cristiano, siamo giunti al dialogo di Lullo tra un pagano (non filosofo) e un ebreo, un cristiano e un musulmano, tutti e tre "savi", nel senso di filosofi e sapienti insieme.

Se è chiaro che Dio è il fine dell'uomo (senza il quale non c'è salvezza), *come* è possibile raggiungerlo? Qual è la legge migliore voluta da Dio, poiché ciascuna delle tre leggi, fondandosi sull'autorità dei propri libri sacri e della propria tradizione, pretende di essere la vera via, causando così non solo incertezza, ma anche divisioni e contrasti? Giacché dunque "dalla pluralità delle leggi deriva una gran quantità di mali", "quale felicità ci sarebbe se tutti gli uomini aderissero a un'unica legge e a un'unica fede!". La soluzione lulliana è che "poiché non possiamo raggiungere un accordo per mezzo di alcuna autorità, potremmo cercarlo

---

[15] Cf. RAIMONDO LULLO, *Il libro del Gentile e dei tre Savi* [*Libre del Gentil*] (a cura di MASSIMO CANDELLERO), Torino, Gribaudi 1986, come pure ID., *Arte breve*, a cura di MARTA M. M. ROMANO, Bompiani, Milano 2002 (cf. p. 29).

[16] RAIMONDO LULLO, *Liber Natalis* 4.1 (trad. it. a cura di LUCA OBERTELLO: *Il libro del Natale – Il lamento della filosofia*, Firenze, Nardini 1991).

invece per mezzo delle ragioni dimostrative e necessarie" e a questo scopo propone la sua *arte* logica.

4.7 L'approccio pragmatico di Giovanni Boccaccio

Un tutt'altro approccio, pragmatico e popolare, è ben rappresentato dal celebre apologo delle tre anella, presente nei repertori di materie predicabili e rinvenibile nella raccolta italiana del *"Novellino"* [73, o 111] e soprattutto nel *Decameron* [1.3] di Boccaccio (e che fornirà a Lessing lo spunto per il suo *Nathan il Saggio*). Secondo questa storia, il Sultano, cercando un pretesto per condannare un ricco e saggio ebreo e impossessarsi dei suoi beni, gli avrebbe chiesto quale a suo avviso fosse la "vera legge", se cioè "la giudia, la saracina o la cristiana": di modo che qualunque cosa avesse risposto, sarebbe rimasto esposto a ritorsione. Ma il savio ebreo si trasse d'impaccio brillantemente con quest'apologo: in una famiglia, il padre lasciava un prezioso anello di famiglia al suo figlio prediletto; arrivato però a un padre che aveva tre figli e non volendo egli far torto a nessuno perché li amava tutti e tre egualmente, fece fare due copie identiche dell'anello e così lasciò a ciascuno un anello lasciandogli credere che fosse l'unico. Sicché tutti e tre rivendicano l'autenticità del proprio anello, ma solo il padre sa quale sia quello vero. Significativamente l'apologo, narrato anche da autori cristiani, è messo in bocca ad un ebreo: sia che questo ne testimoni o meno l'origine letteraria, è significativo che questo approccio pragmatico è attribuito alla religione che era minoritaria e che quindi non poteva assumere un atteggiamento di forza nei confronti delle altre; è significativo anche che questo tipo di approccio non venga percepito come tipicamente cristiano.

Sempre nel *Decameron* [1.2], viene enunciata una regola pragmatica di credibilità, nella novella di Abraam Giudeo. La novella narra di due amici, entrambi mercanti parigini, Giannotto (cristiano) e Abraam (giudeo). Di Abraam Giannotto ammirava in particolare la rettitudine e la saggezza; per questo voleva convertirlo alla fede cristiana. Sebbene gli argomenti da lui usati non fossero particolarmente convincenti (il cristianesimo è andato sempre crescendo, mentre il giudaismo è andato sempre diminuendo), Abraam, forse provocatoriamente, gli annuncia che è disponibile a farsi cristiano, ma solo dopo essere andato a Roma, al centro della Chiesa, a vedere come vivevano il Papa e i cardinali. A questo punto Giannotto perse ogni speranza, pensando che al vedere gli scandali della Chiesa "non solo non si sarebbe fatto da giudeo cristiano, ma addirittura, se si fosse già fatto cristiano, sarebbe ritornato giudeo". Nondimeno acconsentì. Quando poi Abraam fu tornato dal viaggio a Roma e Giannotto gli ebbe chiesto cosa gliene era parso, Abraam gli espresse tutto il suo sdegno. La conclusione del suo discorso, tuttavia, è paradossale: poiché nonostante i pastori facciano di tutto per distruggere il Cristianesimo, al contrario si vede "continuamente la vostra religione aumentarsi e più lucida e più chiara divenire, meritamente mi par discerner lo Spirito Santo esser d'essa, sì come di vera e di santa più che alcun'altra, fondamento e sostegno". Per la qual cosa, Abraam accettò di farsi battezzare come cristiano.

4.8 L'approccio irenico (per congetture) di Niccolò Cusano

Cusano scrisse un celebre trattato sulla *Dotta ignoranza*, espressione che, presa dallo PseudoDionigi e già utilizzata da Bonaventura, sintetizza sia il valore filosofico del "Sapere di non Sapere" di Socrate e della dottrina non scritta e ineffabile di Platone e dei neoplatonici, sia il valore paolino della "sapienza nel mistero" ("mistica").

In tale opera, Cusano propone una metafora illuminante: la circonferenza di un cerchio di raggio infinito finirebbe per identificarsi con una qualsiasi retta tangente [1.13.35]; in altre parole, all'infinito l'opposizione tra curva in senso stretto e linea retta sarebbe superata (mentre nel finito sono incompatibili).

Anzi, costruendo una circonferenza tale che in un punto tocchi la retta tangente, all'aumentare il raggio del cerchio, la sua circonferenza tende indefinitamente alla tangente, senza mai raggiungerla.

L'esempio ha una grande portata epistemologica. Ci sono affermazioni che paiono incompatibili finché si rimane in ottica parziale, ma che possono essere compossibili in un'ottica più larga.

Redatto tra il 1440 e il 1445, l'opuscolo *De Deo abscondito*, che nel titolo fa riferimento non solo alla celebre preghiera di Isaia [45,15], ma allo stesso "Dio ignoto" del discorso di Paolo sull'Areopago, si presenta come un dialogo tra un Gentile (inteso come pagano) e un Cristiano.[17]

Nel 1453, alla caduta di Costantinopoli in mano ai Turchi, Cusano scriveva il *De pace fidei*, dialogo a più voci riguardo alla religione tra tutte le *nationes* allora note (e non solo le tre o quattro "leggi" convenzionalmente considerate nel Medioevo), in cui proponeva la distinzione tra "fede" (la verità religiosa assolutamente trascendente) e le "religioni" e i loro "riti" (ma in cui sono compresi in un certo senso anche i dogmi): questi essendo solo congetture non possono dare pretesto a contese. Il culto di Dio può dunque avvenire "in qualsivoglia religione, fatta salva sempre la *fede*" [*De pace fidei*, 18/66], ossia quella di Abramo, "padre della fede di tutti i credenti, sia cristiani, sia arabi, sia giudei" [*De pace fidei*, 16/55].

5. Il passaggio alla modernità e l'approccio coscienziale di Thomas More

Con la modernità, l'esplosione delle differenze religiose intracristiane (tramite la riforma protestante), la reale scoperta delle altre religioni (quelle cioè non mediterranee), la triste epoca delle guerre di religione hanno portato alla fine del *topos* letterario e filosofico del *dialogo* tra religioni: per alcuni secoli tale *topos* si mutò in quello della *controversia* (cattolica o protestante). Invece, nella nuova fioritura missionaria tra le genti non cristiane in era moderna, un nuovo approccio fu dato nell'attenzione alle culture locali.

Erede delle acquisizioni medievali e antesignano dell'età moderna, Thomas More fu martire e teorico dell'appello alla coscienza nel dialogo interreligioso.

---

[17] Cf. CUSANO, *Il Dio nascosto*, a cura di Lia Mannarino, Laterza, Bari 1995, p. 3-10 e (per le spiegazioni introduttive) p. X-XIV.

Sebbene con l'artificio letterario della descrizione di un mondo inesistente e non proposto esplicitamente come modello, Moro tratteggiava in *Utopia*[18] (edita nel 1516) una società ideale in cui le religioni coesistessero pacificamente e potessero far liberamente proselitismo, purché in maniera tollerante e rispettosa: ogni zelo imprudente e intollerante va invece bandito, "non tanto per il fatto che disprezza le altre religioni" quanto perché "turba l'ordine pubblico". È vero che nel suo ruolo di cancelliere del Re, dovendo fronteggiare la riforma luterana, Moro sarà più realista; comunque, quando nel 1534 il suo Re gli imporrà il giuramento di fedeltà a lui come capo della Chiesa d'Inghilterra e al suo rifiuto lo farà imprigionare per poi condannarlo a morte, Moro scriverà alcune lettere celebri, fra cui la seguente:

> Io non agisco per ostinazione, ma per la salvezza dell'anima mia [...] perché sono certissimo che se dovessi prestare giuramento, arrecherei un dolore mortale alla mia *coscienza* [...]. In quanto poi alla *coscienza* degli altri, io non ne sarò giudice; né mai ho spinto alcuno a prestare o a rifiutare il giuramento [*Lettera a Leder* (1535)].

Nella sfera della coscienza personale si può salvare l'assolutezza della verità con la tolleranza della diversità: chi in coscienza si sente di dover fare qualcosa non per questo sente di dover giudicare chi nella sua coscienza si sente di dover fare altrimenti.

6. *Continuatio*: dalla modernità alla postmodernità

Sebbene in un contesto del tutto estraneo al dialogo interreligioso, Ignazio di Loyola ci ha lasciato una regola dialogale splendida nel *Praesupponendum* ai suoi *Esercizi Spirituali*: "cercare di salvare l'affermazione del prossimo", e se proprio non la si può salvare, cercare di intenderla bene e di correggerla "perché ben intesa si salvi". Questa regola, insieme

---

[18] Cf. TOMMASO MORO, *Utopia*, a cura di Tommaso Fiore, con prefazione di MARGHERITA ISNARDI PARENTE, Laterza, Bari 1982, e in particolare p. XXIII-XXIX e 116-119, con la nota 27.

alla regola di Moro sulla coscienza e alla teoria della coscienza (nel suo sviluppo da Tommaso a Newman, nella *Lettera al duca di Norfolk*), può fornire una *dialettica coscienziale*.

Il genere del dialogo interreligioso, che presentava in età patristica e medioevale solo due o tre interlocutori, veniva trasformato in una descrizione di punti di vista per l'esplosione delle differenze religiose nel *Colloquium heptaplomeres* di Bodin. In campo intracristiano si sviluppò piuttosto quel dialogo dottrinale, perlopiù a distanza, che era la *controversia* (si pensi a Bellarmino in campo cattolico), e quel dialogo esistenziale, in vera prossimità, che fu la *conversazione spirituale* (di Fabre). Inoltre, nella nuova fioritura missionaria tra le genti non cristiane in era moderna, un nuovo approccio fu dato nell'attenzione alle culture locali.

Federico Borromeo (in astratto) e Tirso González (in concreto) dialogarono con i musulmani; Matteo Ricci (in concreto) e Malebranche e Leibniz (in astratto) dialogarono con i cinesi. Per Leibniz, fu l'occasione per applicare l'idea (già vagamente intuita da Lullo) di una "mathesis" universale logica alla risoluzione delle discussioni religiose e al "dialogo tra filosofo e teologo" e alla "professione di fede del filosofo".

Tipicamente moderno è poi il sorgere, nella stessa società cristiana, di pensatori e autori di dialoghi interreligiosi con una posizione non cristiana o anticristiana (anzi, antireligiosa). Il *dialogo* detto *dei tre impostori* (ovvero sui fondatori dei tre monoteismi), scritto da un anonimo di ispirazione spinoziana, è il prototipo di una *dialettica di smascheramento*. La *religione del laico*, di Edward di Cherbury, la rilettura relativistica dell'"apologo dei tre anelli" operata da Lessing in *Natan il Saggio*, la "professione di fede" (del tutto illuministica) "del vicario savoiardo" scritta da Rousseau sono i prototipi di una rilettura riduzionistica della religione. Il deismo, pur rivalutando il culto razionale e morale di Dio (lo stesso Paolo si era richiamato al "culto logico" [Rm 12,2, cf. *supra,* § 3.1]), lo intende non come culto preconfessionale, e nemmeno neutralmente aconfessionale, ma come anticonfessionale, ritenendo perciò dannose tutte le forme di religiosità particolare.

In fondo, è sempre l'antica dialettica di Protagora. L'Ottocento ha segnato però la riflessione sui fondamenti del dialogo, ossia sulla dialettica.

Hegel ha elaborato una *dialettica del superamento*: non più arte del dialogo tra diversi punti di vista, ma il tentativo titanico di guardare il reale come razionale dal punto di vista assoluto, quello cioè di "Dio *prima* della creazione del mondo". In questa impresa, le differenze vengono ridotte all'unità, ma – appunto – non *ricondotte* (come nella *reductio* bonaventuriana, rispettosa della pluralità), ma *ridotte*. Come già per Averroè e Spinoza, la religione è assorbita e superata (come forma imperfetta) nella filosofia.

I "maestri del sospetto" hanno elaborato una *dialettica dello smascheramento*. L'alternativa della filosofia contemporanea (intuita già da Goethe, nel celebre monologo di Faust, e da Jacobi nella sua lettera a Fichte) è tra nichilismo e fede, ossia tra una visione in cui il senso precede e va scoperto, o il senso manca e va dato; l'alternativa tra un Dio che si fa uomo e un uomo che si fa Dio (secondo la celebre pagina dei *Demoni* di Dostoevskij), o tra un Dio a immagine dell'umanità (ossia come sua proiezione, secondo una tradizione critica che va da Senofane a Feuerbach, Marx, Nietzsche, Freud) o un umanità a immagine di Dio. Vero è che anche se concretamente il nostro modo di procedere è proiettivo di senso, tale proiezione non comporta di per sé che il senso non ci preesista.

Kierkegaard ha elaborato (per dirla con Henrici) una *filosofia dialettica della fede*: si dà una pluralità dei punti di vista sul cammino della vita (stadio estetico, etico e religioso) e si prende in considerazione il fatto che proiettiamo una nostra interpretazione religiosa delle cose; tuttavia se si riconosce il *paradosso* e si prende in considerazione che la fede cristiana sia passiva (e quindi non proiettiva) si può concludere (abdurre, direbbe Peirce) la verità edificante come una "verità per te" (è una verità "soggettiva", ma nel senso di "personale" e non di soggettivistica); in altre parole, la scopro come perfettamente calzante a me, ma non soggetta alle "mie voglie". La dialettica di Kierkegaard, insieme alla grammatica dell'assenso di Newman (e alla sua teoria del primato della coscienza) e alla dinamica dell'Azione di Blondel, ha fornito al Cristianesimo una metodologia significativa per il dialogo interreligioso odierno.

Conclusioni

Il dialogo presuppone che ciascun interlocutore abbia una propria "identità" e che voglia acquisirne consapevolezza nel confronto con le "differenze" che riscontra negli altri. Il dialogo è come un *pendolo* che oscilli incessantemente tra il cercar di capire ed eventualmente accettare le ragioni altrui e il cercar di *far* capire e possibilmente accettare le ragioni proprie. Venendo meno una delle due spinte, anche l'altra si esaurisce: perciò o uno pratica il dialogo (*"diá*-logos"), o si riduce ad essere insensato e muto (*"á*-logos").

D'altro canto, il dialogo non va confuso con un confronto disimpegnato e con un semplicistico "irenismo" (ossia "pacifismo" delle idee), che pretenda di raggiungere l'unità tra le posizioni (visioni del mondo o addirittura religioni) attraverso il ridimensionamento di tutte le loro rispettive differenze. È vero che tali differenze sono spesso secondarie e relative, ma non si può dedurne allora che sia "tutto relativo": chi dice "tutto è relativo!", in fondo propone un "relativismo assoluto", ossia un controsenso, una contraddizione in termini, come un "cerchio quadrato". Il problema è se e come sia possibile dialogare tra posizioni con la pretesa di aver ricevuto una rivelazione o un'illuminazione. La "pretesa veritativa" è una "prova di trazione" fondamentale per il metodo dialogale.

Sia la "pretesa di non essere di alcuna Chiesa", sia quella di "essere di ogni Chiesa" finiscono per dar vita a una ulteriore Chiesa, cadendo in un'antinomia: ad esempio, la negazione militante di ogni religione (come l'Ateologia di Onfray o l'analoga posizione di Odifreddi) è assimilabile a una nuova religione; e una religione (come quella Bahá'í) che voglia ricapitolare tutte le altre religioni, si costituisce come religione specifica e storica. E una teologia delle religioni che si presentasse come radicalmente interreligiosa e quindi irriducibilmente pluralista finirebbe in realtà per essere la teologia di una religione gnostica e sincretistica.

Il Cristianesimo, per la sua costituzione, non può non essere dialogale e anzi può dare un contributo alla formulazione del dialogo interreligioso e interculturale, il cui senso può essere ritrovato nel dialogo tra Gesù e Pietro, alla fine del vangelo di Giovanni, a proposito del destino futuro del discepolo diletto. "E lui?", domanda Pietro. "Che importa a te?" – risponde Gesù – "Tu seguimi!".

HARVEY COX

Svuotare se stesso – testimoniare con coraggio
Un approccio kenotico all'identità religiosa

Emergere con sicurezza?

Nel 1960, un monaco trappista americano, Thomas Merton (1915-1968), scrisse una lettera al filosofo cattolico francese Jacques Maritain (1882-1973), riferendogli che il suo ordine gli aveva proibito di entrare in dialogo con un maestro buddista, poiché la *communicatio cum infidele* era proibita. Il padre generale, aggiungeva Merton, obiettava su quel tipo di dialogo, in quanto "pensa che io non abbia uno spirito ecclesiale appropriato per poter emergere con sicurezza da un dialogo di questo tipo".[1] Ovviamente, l'avvertimento di cui scrive Merton ebbe luogo prima del Concilio Vaticano II, il quale incoraggiò precisamente "il dialogo di questo tipo". Lo stesso Merton sarebbe diventato un pioniere del dialogo interconfessionale; infatti, morì a Bangkok, in Tailandia, il 10 dicembre 1968, dove si era recato per svolgere un'attività di dialogo e di preghiera con alcuni monaci buddisti. Intanto, due frasi della sua lettera a Maritain meritano la nostra attenzione.

La prima è "lo spirito ecclesiale". È possibile che Merton stesse pensando al famoso passaggio sulla *kenosis* di Fil 2,5-8 – che riguarda anche il tema di questa sintesi – ovvero all'*approccio* kenotico? In quel brano, difatti, l'apostolo Paolo scrive: "Abbiate in voi gli stessi sentimenti che furono in Cristo Gesù, il quale, pur essendo di natura divina, non considerò un tesoro geloso, la sua uguaglianza con Dio; ma spogliò se stesso,

---

[1] Citato in JAMES CARROLL, *"Practicing Catholic"*, Houghton Mifflin Harcourt: New York 2009, p. 123.

assumendo la condizione di servo e divenendo simile agli uomini; apparso in forma umana, umiliò se stesso facendosi obbediente fino alla morte e alla morte in croce." L'altra frase, nella lettera di Merton, che deve essere commentata è l'"emergere con sicurezza da un dialogo di questo tipo". Entrambe le frasi sono di fondamentale importanza per il nostro argomento, che si focalizza sullo svuotamento di sé, sul coraggio del testimone e sull'identità cristiana.

La mente di Cristo

Esaminiamo, innanzitutto, la prima frase: "abbiate in voi gli stessi sentimenti". Diverse traduzioni del testo interpretano il termine "avere gli stessi sentimenti" (τοῦτο φρονεῖτε) in vari modi. In inglese troviamo i termini: "attitude", "outlook", "disposition".

La *Revised English Bible* lo interpreta così: "Prendete a cuore tra di voi ciò che trovate in Cristo Gesù" (*Take to heart among yourselves what you find in Christ Jesus*), e traduce "spogliò se stesso" con "si annullò" (*made himself nothing*).

Un commentatore ha ammesso, infatti, che "è assai difficile tradurlo grammaticalmente". Per tale ragione mi permetto di suggerire un'altra traduzione contemporanea. Nella psicologia attuale, la parola "identità" significa la profonda conoscenza di se stesso e del proprio posto nel mondo e informa anche della maniera in cui uno percepisce se stesso, l'altro e l'Ultimo. Ciò che suggerisco, quindi, è che qui l'apostolo asserisca che in Cristo Dio ci dona un'identità, quella che ci invita a *svuotare noi stessi*, come Cristo fece con se stesso, da qualsiasi senso di superiorità o pretesa di potere. Il testo, dunque, potrebbe essere letto così: "Fa' che questa sia la tua *identità*, la stessa in Cristo Gesù, che svuotò se stesso". Tale *kenosis* sembrerebbe essere la vera "identità cristiana", di cui parla l'apostolo Paolo. Si applica ugualmente sia ai cristiani come individui, sia alla Chiesa come insieme, poiché essa non ha un'identità di per sé, bensì soltanto quella data dalla grazia tramite Cristo. Infatti, secondo l'apostolo Paolo, questi "sentimenti di Cristo" non sono un ideale o un proposito remoto. È la realtà che si trova all'interno della grazia che abbiamo già ricevuto. La *Revised Standard Version* traduce tale concetto in questo modo: "Avete questa mente fra di voi, che è la vostra in Cristo Gesù" (*Have this mind among yourselves which is yours in Christ Jesus*). In tal modo, l'identità non è una semplice "personalità" mutevole, per così dire, che si può acquisire o abbandonare. È sempre la stessa identità che interagisce con gli altri cristiani, con il mondo secolare, o persino con i seguaci delle altre religioni. Dato che è un dono della grazia e non il risultato di un'azione umana, non dovremmo "aggrapparci" ad essa "ritenendola come privilegio".

Quindi, che cosa implica l'identità cristiana "kenotica" all'interno del dialogo interreligioso? Le implicazioni sono molte e varie. Di certo è evidente che non bisogna avvicinare gli uomini di altre fedi "dall'alto", ovvero da una posizione di presunta superiorità. Piuttosto bisogna avvicinarli con l'intenzione di "servirli", e di aiutarli con umiltà a trovare e affermare ciò che è "vero e santo" (secondo le parole di *Nostra Aetate*, § 2) nelle loro tradizioni. Come l'apostolo Paolo spiega nel terzo versetto di questo passaggio: "Non fate nulla per spirito di rivalità o per vanagloria, ma ciascuno di voi, con tutta umiltà, consideri gli altri superiori a se stesso".

In tal modo, "svuotare se stessi" implica anche, essere pronti ad ascoltare, a sentire e ad imparare. Non significa che non vi sia nulla da offrire e nulla da condividere tra noi, ma ciò che abbiamo da condividere sono precisamente tali "sentimenti di Cristo": l'attitudine, la prospettiva e la predisposizione di un amore non superbo ma umile, che s'interessi agli altri. Tale approccio *kenotico* ovviamente fa sì che il dialogo si allontani da quelle forme di interazione interreligiosa che cercano di stabilire la superiorità della nostra fede o di ridurre l'importanza della fede di coloro con cui stiamo dialogando. Vi è spazio, però, in tale approccio, per la "testimonianza"? Torneremo alla domanda più avanti.

La kenosi nel dibattito

Ritornando ora alla teologia della *kenosis* come chiave di confronto con l'"altro" cristiano e con l'"altro" non cristiano, dobbiamo rispondere alle domande sollevate a questo proposito da alcuni pensatori. Jacques Derrida, per esempio, si è chiesto se la *kenosis* non sia altro che un'altra, forse più tortuosa, maniera per esercitare il potere. In molte storie popolari, il re si traveste da mendicante e cammina per la città tra la gente normale, ma ritorna alla propria residenza ancor più potente, poiché ha compreso come governare i propri sudditi in modo più efficiente, perché sa qualcosa su di loro che prima non conosceva. In queste storie, "svuotare se stessi" diventa, piuttosto, una strategia per acquisire maggior potere.

In risposta alla domanda di Derrida, dobbiamo insistere sul fatto che la *kenosis* non è uno stadio provvisorio della vita di Dio. L'Incarnazione significa che Dio impegna se stesso in modo permanente a favore della vita umana e, come dice il testo, "fino alla morte e alla morte in croce" (Fil 2,8). La "kenosis" non è solo un momento della vita di Dio, bensì una perenne qualità di Dio. Il Dio biblico è Colui che rivela se stesso *per* noi e con noi, per sempre e per l'eternità.

Data la comprensione "kenotica" del confronto interconfessionale, che cosa possiamo dire a proposito dell'altra frase del titolo di questa sintesi: "testimoniare con coraggio"? Per rispondere a ciò, ritorniamo all'altra frase usata da Merton nella sua lettera a Maritain. Egli ricorda che il suo superiore gli aveva espresso il proprio dubbio sul fatto che il giovane monaco potesse "emergere con sicurezza da questo tipo di dialogo". Cosa significa in realtà?

È proprio qui che entra in questione il coraggio. È possibile iniziare un dialogo genuino con un altro essere umano, essendo *a priori* pienamente certi che da questo dialogo si "ri-emergerà" "con sicurezza", vale a dire illesi e immutati? Evidentemente, non è così. Ogni sincero confronto umano, che si svolge con una persona di altra fede, comporta un inevitabile rischio. Non possiamo garantirne in anticipo la sicurezza. Il confronto esige che si sia vulnerabili e pronti ad accettare il dolore che inevitabilmente accompagnerà il cambiamento. Il vero dialogo, infatti, esige anche vero coraggio. Tuttavia, come ho già proposto, poiché la nostra "identità" di cristiani è un irrevocabile dono di grazia, ci dotiamo di coraggio e affrontiamo tali rischi. Bisogna considerare il coraggio che Gesù Cristo dimostrò, quando non "si assicurò" alla propria uguaglianza con Dio, ma "svuotò se stesso", diventando un servo "fino alla morte e alla morte in croce".

Il volto dell'altro

Nella filosofia contemporanea il pensatore che ha più esplorato in fondo la dinamica intricata dell'incontro con l'"altro" è stato Emmanuel Levinas. Questo filosofo ebreo francese e studioso del Talmud si occupava in modo particolare di quei tipi d'incontro che avvengono non solo casualmente, ma anche su base regolare. Per tale ragione, Levinas era particolarmente interessato alle famiglie. Egli evidenziò che negli incontri regolari scopriamo che l'"altro" non è né un oggetto da osservare né un soggetto di cui io sono l'oggetto. Entrambi ci confrontano piuttosto con la sfida della radicale diversità del sapere, del fatto cioè che è impossibile essere ridotti ad un'oggettiva "conoscenza" del metodo scientifico. Scopriamo così una forma di trascendenza, che Levinas non equipara con il sapere religioso, ma che è aperta ad interpretazioni.

Levinas fu imprigionato dai nazisti nella Seconda Guerra Mondiale e, come lui, lo fu anche Dietrich Bonhoeffer, che anzi fu impiccato dalla Gestapo pochi giorni prima della fine della guerra. Perciò, credo che può aiutare leggere entrambi insieme. Nelle sue lettere e studi scritti durante la sua prigionia, Bonhoeffer – come Levinas – esamina la natura degli incontri umani dal punto di vista cristologico. Scrivendo dalla cella in cui era rinchiuso a Berlino-Tegel, si chiede se in questo mondo possiamo trovare Dio. La sua risposta è che troviamo Dio nel "tu" più prossimo che c'è. Per Bonhoeffer ciò si poteva realizzare nell'incontro con gli altri prigionieri, molti di loro atei e comunisti, nonché con la guardia della Gestapo, e non solo con i suoi compagni cristiani. Sempre secondo lui, nella sua prospettiva cristologica, il primo *locus* del Dio-nell'altro è nei disprezzati e i respinti, i "piccoli" di Matt 25. Ciò si realizzava nell'impoverimento, nell'emarginazione sociale, in coloro che vengono lasciati fuori, negli abbandonati. Possiamo ora riportare questa prospettiva cristologica/kenotica alla tolleranza dell'"altro religioso"?

Leggendo Levinas e Bonhoeffer fianco a fianco, come guide teologiche riguardo all'incontro con l'"altro religioso", ci spingiamo a porre la domanda più basilare: possiamo aspettarci, o anche sperare, che Dio parlerà non solo tramite me all'"altro", ma anche tramite l'"altro", che non condivide la mia fede, a me? Siamo pronti ad ascoltare la voce di un Dio che parli in questo modo? Può il dialogo interreligioso essere qualcosa di più che una questione di condivisione delle nostre credenze con gli altri e divenire così un'occasione in cui Dio ci parli in un altro modo?

L'uomo ancorato

Prima di rispondere alla domanda, desidero fare alcuni passi indietro. L'interrogativo su che cosa l'identità cristiana costituisca in un mondo religiosamente pluralista è spesso posta oggi come se fosse una questione relativamente nuova. Ciò, penso, sia dovuto ad una nuova consapevolezza della pluralità delle religioni mondiali, alla comunicazione mondiale istantanea ed alla presenza visibile delle altre credenze religiose – grazie alle migrazioni – in aree in cui prima esse erano poco conosciute. Peraltro, come tanti argomenti della teologia di oggi, la questione su come si dovrebbe pensare l'"identità" cristiana in rapporto alle altre religioni ha una lunga storia precedente ed è giusto che questa non venga trascurata. Prendiamo, ad esempio, Epifanio (310-403 d.C.). Oltre al suo famoso *Contra Haereses* scrisse anche un'opera meno conosciuta, l'*Anchoratus* che potrebbe essere tradotta come "l'uomo ben ancorato". In essa, Epifanio suggerisce che un cristiano può rimanere fedele pur vivendo in mezzo ad un mosaico di opinioni alternative.

Epifanio, quindi, stava parlando dell'"identità" cristiana? Nel suo uso corrente, il termine "identità" fu introdotto dallo psicoanalista tedesco-americano Erik Erikson (1902-1994). Il concetto è presentato nella sua influente opera *Identity and the Life Cycle* (1959). In effetti, fu Erikson a coniare un'espressione in questo ambito che è diventata praticamente indispensabile nella psicologia corrente.

Erikson comprende l'identità in maniera dinamica. Egli ha dimostrato che con il passare degli anni, la vita di una persona attraversa una serie di transizioni identitarie, dall'infanzia all'adolescenza e da lì, attraverso altre fasi, fino all'età più matura. Queste transizioni che subiamo sono sempre dure, anche drammatiche. Talvolta ci troviamo in una – per usare il termine che rese famoso Erikson – "crisi d'identità". Pertanto, una persona psicologicamente sana è in grado di gestire tali transizioni e crisi. Tuttavia, lo fa non aggrappandosi ostinatamente al precedente stadio d'identità, ma estrapolandone i frutti per procedere allo stadio successivo. Il fatto che l'apostolo dica che Cristo "non si aggrappò" all'uguaglianza con Dio indica un confronto promettente. L'"identità" di Cristo si perpetuò. Similmente, il nucleo della nostra identità rimane lo stesso, ma la sua finalità e risonanza si approfondiscono nel momento in cui noi diventiamo più maturi. Solo quando fallisce, non si riesce a gestire una transizione e si rimane prigionieri di un'"identità" rigida e distorta, inappropriata per lo stadio della nostra vita. Un'identità sana è simile più ad un ruscello fluente che ad una pozzanghera. Essa diventa stagnante solo quando è contenuta da argini.

Certamente, Epifanio non adoperò il termine "identità", ma l'*Anchoratus* tratta proprio di questo. Nel suo linguaggio egli pone la stessa domanda: come può una persona rimanere saldamente radicata in una fede in mezzo ad un vorticoso mare di alternative? Il suo "Anchoratus" è un tentativo di rispondere a tale quesito. È affascinante pensare la dinamica concezione di Erikson sull'identità alla luce della metafora di Epifanio dell'"uomo ben ancorato". Come i marinai sanno, l'ancora può servire a due scopi. Il primo è quello di evitare che la nave derivi, mentre il capitano la tiene ferma in un posto. In questo caso, l'ancora è gettata fino al fondo. L'altro uso dell'ancora è quello di permettere alla nave di rimanere in posizione verticale, mentre naviga in acque profonde o quando deve attraversare venti. In questo caso, l'ancora aiuta la nave a muoversi, non a rimanere in un solo posto.

Thomas Merton era un "anchoratus" in movimento. Una delle sue caratteristiche più peculiari fu il modo in cui egli combinò l'ancoraggio nella fede cristiana con una devozione costante nel muoversi avanti e indietro. Come monaco ed eremita, s'impegnò attivamente, tramite i suoi scritti eloquenti, per far cessare la guerra in Vietnam. Iniziando la sua vita cristiana con una fede rigida prima del Concilio Vaticano II, crebbe e maturò negli anni. Come i suoi libri ed articoli evidenziano, diventò un esempio vivo dei "sentimenti di Cristo" che propone l'apostolo Paolo: vulnerabile, paziente ed aperto. Come abbiamo visto esplorò con coraggio i confini del dialogo interreligioso. Era un uomo *anchoratus*. Per lui, tuttavia, avere un'ancora non significava non cambiare o non muoversi mai. Al contrario, era l'ancora che gli permise di avventurarsi attraverso le tempeste del nostro tempo. Quarantadue anni dopo la sua morte è diventato una fonte preferita per gli spiritualmente seri fra i miei studenti e per molti adulti. Anche il monastero benedettino trappista di Gethsemani, in Kentucky, continuò la sua opera e la estese secondo il suo spirito. Merton sarebbe stato contento di essere testimone di un raduno senza precedenti, avvenuto nell'aula del capitolo del monastero, alla fine di luglio del 1996. Una mia collega, la Prof.ssa Diana Eck, partecipò all'incontro e lo descrive in questa maniera:

> "Lì, nei banchi dove i monaci trappisti si erano radunati per ben centocinquanta anni, si sedette una congregazione di monaci e monache buddisti e cristiani, per una settimana di scambio e dialogo. Era ciò che Merton aveva chiamato una volta 'il dialogo dei silenziosi'".[2]

Thomas Merton era un esploratore intrepido del legame fra silenzio e testimonianza, fra *kenosis* e coraggio. Egli ha ancora molto da insegnarci, non solo tramite i suoi libri, ma anche tramite il percorso della sua vita.

---

[2] DIANA L. ECK, *A New Religious America. How a "Christian Country" Has Become the World's Most Religiously Diverse Nation*, Harper: San Francisco 2001, p. 377-378.

Epilogo

L'incontro di dialogo qui descritto fu promosso dal *Monastic Interreligious Dialogue*, una rete di monaci e monache dedicata agli scambi inter-monastici tra tibetani e giapponesi che praticano il Buddhismo zen. L'incontro ha la benedizione della Santa Sede. Durante il raduno del luglio 1996 si sentivano tanti interventi rilevanti, ma lo spirito di Merton e dell'approccio "kenotico" si sentì particolarmente quando Armand Vieilleux, di un'abbazia cistercense di Roma, descrisse il suo triste incarico di dover andare in Algeria e recuperare i corpi dei monaci di Nostra Signora dell'Atlante uccisi da alcuni ribelli nel marzo 1996. Frate Armand lesse ad alta voce le parole di uno di quei monaci, Christian, scritte poco prima che fosse ucciso, indirizzate a quelli che sapeva sarebbero stati i suoi assassini. Erano parole di ringraziamento per la benedizione della vita che Dio gli aveva permesso di vivere con la popolazione musulmana d'Algeria. "E anche a te, amico del mio ultimo istante, che non avrai paura di quello che farai" scriveva Christian "ebbene, ti dico anche questo 'ti ringrazio' a te, in cui vedo il volto di Dio".

Questo potrebbe riassumere la questione meglio di molte idee ulteriori: noi "emergiamo con sicurezza" da qualsiasi confronto interreligoso, anzi da qualsiasi confronto umano, se non siamo riusciti a vedere il volto di Dio in quelli che incontriamo?

ALBERTO F. AMBROSIO O.P.

Concezioni mistiche dell'identità personale
Impulsi sufi per vivere la differenza oggi

Introduzione

L'identità personale tocca una delle domande principali della teologia cristiana relativa alla concezione mistica. Il teologo cristiano non può evitare di porsi la questione del modo in cui il sufi si rivolge e si pone di fronte a Dio.

Lo statuto della persona nell'Islam e, più precisamente, nel sufismo, inteso come la corrente spirituale e mistica di questa stessa religione, è sempre stata una questione implicita degli specialisti[1] e degli orientalisti[2]. Reynold A. Nicholson, studioso di mistica musulmana, traduttore in inglese di tutto il *Mathnawī* di Rūmī[3] è stato il pioniere che ha saputo addentrarsi

---

[1] Tra la vasta bibliografia in lingue europee, segnaliamo i testi di riferimento in lingua italiana: ANGELO SCARABEL, *Il Sufismo. Storia e Dottrina*, Roma: Carocci 2007; ALBERTO FABIO AMBROSIO, CARLO SACCONE, *Il sufismo*, Divus Thomas n° 48, 2007; CARL W. ERNST, *Il grande libro della sapienza sufi*, Milano: Mondadori 2000; ANNE-MARIE SCHIMME, *Sufismo. Introduzione alla mistica islamica*, Bergamo: Morcelliana 2000; GIUSEPPE SCATTOLIN, *Esperienze mistiche dell'Islam*, 3 voll., Bologna: EMI 1994-2000; Marijan Molè, *I mistici musulmani*, Milano: Adelphi 1992; GEORGES C. ANAWATI, LOUIS GARDET, *Mistica islamica*, Torino: SEI 1960; REYNOLD A. NICHOLSON, *Sufismo e mistica islamica*, Roma: Fratelli Melita 1988 (prima ed. 1914); ARTHUR J. ARBERRY, *Introduzione alla mistica musulmana*, Genova: Marietti 1986.

[2] FRANCESCO GABRIELLI, *Orientalisti del Novecento:* C. A. Nallino, Roma: Istituto per l'Oriente 1993; cf. FULVIO TESSITORE, *Schizzi e schegge di storiografia arabo-islamica italiana*, Bari: Palomar 1995.

[3] REYNOLD A. NICHOLSON (ed.), *The Mathnawí of Jalálu'ddín Rúmí*, 8 vol., Londra: Luzac & Co. 1925-1937.

anche in termini filosofici in una questione delicata, seppur essenziale alla comprensione del fenomeno mistico. Il volume di Nicholson pubblicato nel 1923, *The Idea of Personality in Sufism*, consistente in tre conferenze, è un'opera di riferimento per il dibattito sull'idea di personalità nell'Islam e nel sufismo che inizia oggi a ripresentarsi timidamente.

Dopo questo stesso testo, la riflessione non ha avuto un seguito degno del maestro, forse anche a causa del cambiamento di contesto tanto politico che ideologico. Al contempo, il periodo nel quale scriveva Nicholson era profondamente segnato dal pensiero filosofico del personalismo in ambito cristiano. Anche per la teologia cristiana, protestante e cattolica, il dibattito sul concetto di persona e di personalità segnava una tappa importante. Queste condizioni hanno certamente favorito Nicholson nel suo impegno di voler addentrarsi maggiormente nella comprensione dell'identità personale per i sufi. A seguito della riflessione ad opera di Nicholson, non si può dire che la questione abbia animato la comunità dei filosofi o degli islamologi; oggi tuttavia essa riaffiora timidamente, destinata ad imporsi intellettualmente nel dibattito tra Islam e Cristianesimo.

La lingua della "persona" nell'Islam

Se il termine di personalismo appare, in chiave filosofico-antropologica, per la prima volta nel 1903 ad opera di Charles Renouvier, questo stesso termine viene utilizzato in seguito per definire una vera corrente di pensiero, quasi un nuovo atteggiamento di fronte all'essere umano. Si tratta del personalismo di Emmanuel Mounier (m. 1950), del filosofo ebraico Paul-Ludwig Landsberg (m. 1944), Jacques Maritain (m. 1973) tomista dell'ultima ora, Romano Guardini (m. 1968) e certamente altri ancora. Senza addentrarci nel complesso ambito della filosofia personalista che esula dall'intento primario della riflessione sull'identità personale nel sufismo, è tuttavia utile menzionare l'attenzione alla persona di una filosofia propriamente umanistica, espressione di filosofi con una propensione profondamente religiosa. Anche la filosofia araba ha avuto una fase personalista. Va certamente ricordata l'opera di Muhammad Lahbabi interamente consacrata al personalismo musulmano, come saggio di una fondazione islamica della persona.[4]

Il legame tra filosofia personalista e filosofi credenti rivela il ruolo avuto dal concetto di persona per i cristiani. Le implicazioni teologiche coinvolgono numerosi ambiti della riflessione cristiana, non ultima quella relativa alla mistica. Parlare di concezioni mistiche dell'identità personale, significa arrivare al cuore della questione mistica e, più ancora, dell'identità personale. Il mistico, più di ogni altro essere, si pone di fronte a Dio, come la creatura che desidera l'unione con l'Essere supremo considerato come Amore supremo. Nella riflessione teologica cristiana, il rapporto personale tra credente e Dio, rivelatosi come Trinità di persone, è assunto come un'evidente conclusione del mistero trinitario.

La domanda dello statuto della persona, così come si presenta nella mistica, sembrerebbe porsi da un punto di vista prettamente cristiano e soprattutto cattolico. La definizione della persona, dell'identità personale e della relazione personale con Dio, rappresenta, sin dagli albori del Cristianesimo, uno dei dibattiti teologici più animati della teologia cristiana. Il Cristianesimo ha sviluppato, forse più di ogni altra fede e religione, la riflessione sulla persona e, indirettamente, sullo statuto dell'identità personale. La teologia trinitaria, infatti, è fondata sul concetto di relazione ipostatizzata nella persona. Questo concetto, nella riflessione cristiana, è certamente analogico e si esplicita tanto nella persona umana quanto nelle persone della Santissima Trinità. Fare quindi una seria teologia trinitaria significa indagare, approfondire e rendere sempre più intelligibili le relazioni intra-trinitarie.

La questione della persona, di matrice cristiana e specialmente cattolica, può ricevere un nuovo impulso nell'incontro con la riflessione della mistica musulmana, cioè del sufismo. Anche se non si dà perfetta coincidenza tra sufismo e mistica musulmana, entrambi i termini sono considerati qui come sinonimi.

Una previa annotazione di tipo linguistico ci dice che la parola stessa, il termine stesso di persona, così proprio come è stato concepito nel

---

[4] MUHAMMAD LAHBABI, *Le personnalisme musulman*, Parigi: PUF 1964.

sistema filosofico e teologico cristiano, non esiste nel vocabolario delle lingue musulmane, prima fra tutte e modello per tutte, l'arabo.

I seguenti termini possono essere più facilmente accostati a quello di persona:

1) *Shakhṣ* è la traduzione più vicina del termine persona, ma tenderebbe ad indicare maggiormente la personalità grazie al termine correlato *shakhṣīya*. Lo si può attribuire ad un essere umano, parlando della sua personalità, ma è impossibile attribuire questo termine a Dio. Tuttavia, la tradizione della lingua araba comporta questo detto: "*Lā shakhṣa aghyaru min Allahī*", cioè non esiste persona più gelosa di Dio stesso.

2) Quando appare il termine *huwwīya*, si intende ulteriormente l'Ipseità o inseità di Dio e non tanto lo statuto della persona. Con tale termine si indica l'individualità unica dell'idea di Dio. *Huwwīya* dice l'Individualità unica, l'Idea Assoluta divina.

3) *Dhāt*, invece, sottolinea l'essenza e anche il Sé. Così come si dà l'essenza di una cosa, si può parlare dell'essenza di Dio che si manifesta tramite i Suoi Nomi, gli attributi di Dio

4) Il termine *fard*, pur indicando l'individuo, assume il significato di singolo, di ciò che è solamente individuale. In questa prospettiva linguistica, l'idea di *fard* si avvicina maggiormente a ciò che nella riflessione cristiana viene attribuito allo statuto della persona intesa come singola persona o come, in latino, *individua substantia*. Celebre è la definizione latina di persona fissata da Severino Boezio: *individua substantia rationalis naturae*, cioè una sostanza individuale di natura razionale.

5) Il termine *wajh*, che indica l'aspetto esteriore, il viso, è molto aderente alla traduzione del termine greco *prósọpon*, inteso come maschera del teatro. Termine che poi è stato tradotto nel latino dei padri della Chiesa latina con *persona*, proprio nel senso di per-sonare, cioè di quella maschera che rinvia ad un personaggio.

Il concetto di persona, inteso come nella semantica cristiana, non trova un vero corrispondente nella terminologia araba. Nicholson si riferisce, nelle sue preziose conferenze raccolte poi in un unico volume, all'opera del filosofo, teologo e storico Clement C. J. Webb (1865-1954) intitolata *God and Personality*. Nicholson crede di poter seguire Webb che dice: "what we may call the philosophical use of *person* in the modern European languages has been determined by the use in the formulation of the Christian doctrine of the Trinity of ὑπόστασις and *persona* as equivalent expressions". Infatti, Nicholson stesso affermerà che: "the modern idea of Divine personality is derived from the doctrine of the Trinity, which, though it does not affirm the personality *of* God, affirms the existence of personal relations *in* His nature".[5]

Entrambi gli autori sembrano quindi affermare che il concetto stesso di persona sia dovuto principalmente allo sviluppo teologico delle questioni trinitarie e delle relazioni intratrinitarie, ovviamente in ambito cristiano.

In tempi più recenti, Marie-Thérèse Urvoy, dopo aver precisato che il concetto di persona era sollevato nelle questioni teologiche a partire dalla Trinità e che quindi non poteva essere preso in considerazione nell'ambito musulmano, afferma: "Toute spéculation autour du problème trinitaire fait donc plutôt office de repoussoir. Si bien que la pensée théologique musulmane ne s'est même pas posé la question d'un Dieu personnel. Le Dieu de l'islam est rejeté dans une transcendance absolue qui interdit de soulever une telle question".[6] D'altro canto, nello sviluppo dell'articolo di estremo interesse di Urvoy, si percepisce come la filosofia arabo-islamica si sia trovata in un'impasse per definire o non voler definire cosa sia la persona. La sua conclusione costituisce anche un punto di partenza di una questione sempre attuale:

"L'islam est dans une situation paradoxale à propos de la question de la personne. En tant qu'il est religion d'un Dieu qui parle au fidèle, il a suscité très tôt une réflexion philosophique de grande qualité sur le sujet comme conscience de soi. Mais la Falsafa [filosofia] n'a pas eu de reconnaissance officielle qui lui permette de diffuser son enseignement au-delà de cercles

---

[5] REYNOLD A. NICHOLSON, *The Idea of Personality in Sufism. Three Lectures delivered in The University of London*, Cambridge: University Press 1923, p. 14.

[6] MARIE-THÉRÈSE URVOY, "La notion de personne en Islam", in *Bullettin de Littérature Ecclésiastique* 110 (2009), pp. 31-54 ; p. 32.

restreints [...]- Par suite, c'est l'aspect juridique de la religion qui l'a emporté, lequel privilégie de façon écrasante la communauté par rapport à l'individu. Celui-ci a donc été tout naturellement poussé à trouver sa réalisation personnelle dans le seul cadre mystique. Or, s'il a bien existé au sein de ce dernier des germes d'un véritable personnalisme, c'est plutôt la quête de l'abolition de la personne qui l'y a emporté."[7]

Non solo da un punto di vista strettamente teologico, ma anche da quello mistico e filosofico,[8] il problema di uno statuto della persona sembra permanere aperto.

L'identità personale del sufi

La questione dell'identità personale e quella dello statuto della persona nel sufismo rimangono pur tuttavia legittime, perché quando ci si accosta ai testi fondatori di base della mistica musulmana, si ha l'impressione di scorgere la quasi assenza di un rapporto personale profondo, o, altrimenti detto, di un rapporto talmente profondo da rendere invisibile o tale da far scomparire l'individua persona di fronte a Dio.

Abū Yazīd Bisṭāmī (m. 874), uno dei grandi mistici della prima epoca del sufismo, è considerato, a causa delle sue locuzioni teopatiche, l'espressione della corrente dell'ebrietà mistica.[9] Il sufismo di Bisṭāmī,

---

[7] MARIE-THÉRÈSE URVOY, "La notion de personne en Islam", pp. 53-54.

[8] JOHN WALBRIDGE, "Selfhood/personhood in Islamic philosophy", in ELIOT DEUTSCH, RON BONTEKOE (edd.), *A Companion to World Philosophies*, Oxford: Blackwell 2004, pp. 472-483.

[9] PIERRE LORY, "Le Mi'rāğ d'Abū Yazīd Bastāmī" in MOHAMMAD AMIR-MOEZZI (ed.), *Le voyage initiatique en terre d'Islam. Ascensions célestes et itinéraires spirituels*, Louvain: Peeters 1996; ADBELWAHAB MEDDEB (ed.), *Les dits de Bistami. Shatahat*, Paris: Fayard 1989; ROGER DELADRIÈRE, "Un propos transcendant d'Abū Yazîd al Bistâmî", in *Etudes traditionnelles* 62 (1961), pp. 189-200; *Id.*, ABU YAZID AL-BISTAMI, in *Arabica* 14 (1967), pp. 76-89; Muhammad Abdur Rabb, "Abu Yazid al-Bistami. The problem of possible Indian influence on Abu Yazid al-Bistami", in *Journal of the Pakistan Historical Society* 20 (1972), pp. 34-58; ROBERT C. ZAEHNER, "Abu Yazid of Bistam. A Turning-Point in Islamic Mysticism", in *Indo-Iranian Journal* 1 (1957), pp. 286-301; Abd ar-Rahmân Badawi, *Šataḥāt aṣ-Ṣūfīya*, vol. 1, Il Cairo 1949.

proprio per le sue espressioni mistiche al limite dell'ortodossia, è il personaggio simbolo, prima di Ḥallāj (m. 922), dell'esagerazione spirituale e dell'eccesso mistico. Tutti i grandi sufi delle epoche successive si rifaranno a lui.

Un racconto tratto dall'agiografia di Bisṭāmī apre alla questione dell'identità della persona nel sufismo:

"Un uomo venne a trovare Abū Yazīd e bussò alla sua porta.
Abū Yazīd chiese: 'Chi cerchi?'
Rispose l'altro: 'Abū Yazīd'.
Replicò Abū Yazīd: 'Procedi oltre! Nella casa non c'è nessuno, se non Dio, l'Altissimo".[10]

Questo testo, nella sua concisione teopatica, è particolarmente espressivo della problematica dell'identità della persona nel suo rapporto interiore con Dio Creatore. Bisṭāmī è al contempo colui che afferma al visitatore l'assenza di Bisṭāmī stesso e la presenza di Dio solo, l'Altissimo. La risposta di Bisṭāmī, oltre a rivelare il rapporto tra Dio e l'uomo, illustra anche la battaglia che il credente e il sufi deve intraprendere nei confronti dell'anima carnale, passionale. Di fronte alle richieste della passione smodata dell'anima, Bisṭāmī non esiste, deve essere come morto. In queste poche frasi, vi è concentrata la dottrina sufi dell'estinzione dell'anima passionale, ma anche della battaglia senza tregua lanciata dalla volontà del credente contro ciò che allontana da Dio, l'Altissimo (mā-siwā). Due sono i concetti fondamentali e fondanti tutta la dottrina e la prassi del sufismo: fanā' e baqā'.

Il concetto di fanā' designa l'estinzione totale e, più precisamente dell'anima passionale, del credente in Dio: un'estinzione, un annichilimento ricercato. Come nel caso di Bisṭāmī, l'obiettivo è di esistere esclusivamente in Dio. Il tawḥīd, cioè l'affermazione dell'unità assoluta di Dio, che è il credo fondamentale dell'Islam, viene coniugato con l'esistenza perfetta in Dio. Il credente, il sufi ha come obiettivo supremo di non esistere se non in

---

[10] GIUSEPPE SCATTOLIN, Esperienze mistiche nell'Islam, I. L'inizio di un cammino, p. 85.

Dio. Tutta la formazione del sufi è racchiusa in questo desiderio e nella volontà tenace di raggiungere lo stato d'estinzione in Dio. Bisṭāmī afferma a chiare lettere, così come la tradizione agiografica riporta, un'identità quasi metafisica tra la sua individualità e quella di Dio:

> "Io non sono Io, Io non sono Io perché Io sono Lui, Io sono Lui, Io sono Lui: Io sono Lui, Lui"[11]

L'Io si identifica con il Lui (*Huwa*) di Dio quasi come in un gioco di andirivieni tra la creatura ed il Creatore. Tutto il dibattito è racchiuso in questa locuzione di Bisṭāmī. L'identità sembra dileguarsi pur mantenendo l'espressione tra l'Io ed il Lui divino. C'è estinzione vera in Dio oppure c'è un artifizio mistico per affermare ancora l'Io in Dio? L'estinzione è a scapito dell'identità oppure questa può essere assunta in una prospettiva di unione divina? In queste poche questioni teologiche è racchiuso tutto il segreto del sufismo. Bisṭāmī racconta anche un'altra esperienza dai toni prettamente mistici:

> 'Stavo facendo il giro della Ka'ba in cerca di Dio; quando lo ebbi raggiunto, vidi la Ka'ba girare attorno a me'.[12]

Il centro divino, rappresentato dalla Ka'ba, viene addirittura assunto nella figura del mistico Bisṭāmī. Che sia un espediente retorico e mistico o che sia il racconto di una vera e propria esperienza, il testo testimonia di un gioco estremamente sottile di identità interscambiabili.

Junayd (m. 911)[13] pur essendo il rappresentante della scuola della sobrietà, cioè della scuola spirituale e mistica che si distanzia per sobrietà da quella di Bisṭāmī, afferma l'estinzione in Dio con l'eventualità di una perdita di identità personale:

---

[11] GIUSEPPE SCATTOLIN, *Esperienze mistiche nell'Islam, I. L'inizio di un cammino*, p. 85.

[12] GIUSEPPE SCATTOLIN, *Esperienze mistiche nell'Islam, I. L'inizio di un cammino*, p. 86.

[13] ROGER DELADRIÈRE (ed.), Junayd. *Enseignement spirituel*, Paris: Actes Sud 1983.

"Il sufismo è che Dio ti faccia morire a te stesso e ti faccia vivere in Lui."[14]

Ḥallāj, la cui personalità mistica si staglia maestosa nel quadro dell'evoluzione storica del sufismo,[15] affermava :

"Fammi uno come Te, o mio Unico, nella vera attestazione della Tua Unità: a ciò nessun sentiero umano può condurre! Io sono un Reale testimone, ma solo il Reale è Reale testimone del Reale, rivestendosi di Se stesso: fra noi ormai non c'è separazione! Ecco che il tutto si illumina di raggi splendenti, scintillanti nel baleno fulmine".[16]

Ciò che è oltre la separazione è l'obiettivo finale di Ḥallāj, dove ormai tutto diventa luce e l'identità fa spazio all'irrompere dello scintillio della luce. La questione dell'identità è oltrepassata dalla maestà divina e, per il sufi, dall'essere orientato interamente e completamente verso l'unica fonte di Luce. In maniera ancor più incisiva, Ḥallāj afferma che l'"io" può diventare un impedimento:

"Ah! Sono io o sei Tu? Siamo forse due dèi?
Lungi da me quest'idea di affermare un dualismo!
La tua Ipseità sta in eterno dentro al mio niente,
il mio tutto appare nel Tutto sotto doppio sembiante.
Dov'è mai fuor di me la tua Essenza, sì ch'io possa vederla?
La mia essenza, oramai si chiarisce e più non c'è un 'dove'.
E dov'è mai il volto Tuo, oggetto di tutti i miei sguardi?
È con l'occhio oppure col cuore che posso vederlo?
Fra me e Te c'è il mio 'io', un 'io' che mi opprime,
il Tuo 'Io' schiacci quest'"io" che fra noi s'interpone!"[17]

---

[14] GIUSEPPE SCATTOLIN, *Esperienze mistiche nell'Islam, I. L'inizio di un cammino*, p. 95.
[15] LOUIS MASSIGNON, *La Passion d'al-Hosayn ibn Mansour al-Hallaj, martyr mystique de l'Islam, exécuté à Bagdad le 26 mars 922*, 2 vol., Paris: Geuthner 1922.
[16] SCATTOLIN GIUSEPPE, *Esperienze mistiche nell'Islam, I. L'inizio di un cammino*, pp. 125-126; ALBERTO VENTURA (ed.), *Al-Hallâj. Il Cristo dell'islam*, Milano: Mondadori 2007, n. 67.
[17] ALBERTO VENTURA (ed.), *Al-Hallâj*.

L'io divino deve sostituirsi a quello umano, rimuovendo così l'ostacolo principale alla visione perfetta e all'unione completa. Nell'uomo è come se ci fossero però due 'io', quello che deve fondersi in Dio e quello che è dell'anima passionale e smodata che deve sparire, per lasciare il posto all'Io divino. Anche nella prospettiva di Ḥallāj, si constata come il rapporto di identità sia estremamente sottile: da un lato, l'io sembra dissolversi in Dio, ma d'altro canto, questo stesso io invoca l'identità con l'Io divino.

Ibn Fāriḍ (m. 1235), alcuni secoli dopo Ḥallāj, sistematizza e approfondisce questi temi.[18] La sua grande ode, *at-Tā'iyyat al-kubrā*, sembra essere tutta improntata all'analisi e alla lode del rapporto di Dio, nel quale il sufi si estingue, come in un rapporto amoroso tra Amato e amante:

> "Giovane innamorato! Ecco, io mi son separato da lui (dall'amore), seguendo il precetto di chi lo giudica una cortina – quindi l'amore è al di sotto del mio grado/ ed ho oltrepassato il limite dell'amore sì che l'amore è per me come l'odio ed il mio punto di partenza è dalla meta raggiunta nell'ascensione del mio unificarmi" (233-294).[19]

Con le espressioni d'amore e del rapporto amoroso, Ibn Fāriḍ mette in luce la problematica dell'estinzione dell'io nell'Amata, cioè Dio stesso. L'amore stesso rappresenta un impedimento all'unità divina, se viene vissuto come un fine in sé, allorquando l'obiettivo finale rimane l'unità di Dio, Dio l'Altissimo. Siamo certamente di fronte ad un monoteismo spirituale estremamente esigente.

---

[18] Giuseppe Scattolin (ed.), *The Dīwān of Ibn al-Fāriḍ. Readings of its Text throughout History*, Il Cairo: Institut Français d'Archéologie Orientale, 2004; Giuseppe Scattolin, "Realization of 'Self' (Anā) in Islamic Mysticism. The mystical experience of 'Umar Ibn al-Fāriḍ (576/1181 – 632/1235)", in *Mélanges de l'Université Saint-Joseph*, 54 (1995-1996), pp. 119-148.

[19] Carlo Alfonso Nallino, "Frammento di traduzione dell'at-Tā'iyyah al-kubrà di Ibn al-Fāriḍ", in Maria Nallino (ed.), Carlo Alfonso Nallino, *Raccolta di scritti editi e inediti,* vol. 2, *L'Islam. Dogmatica - Ṣūfismo – Confraternite*, Roma: Istituto per l'Oriente 1940, pp. 343-386.

L'eco di Fārid che affermava che non c'era più posto per due "io", si ritrova anche nella letteratura mistica di lingua persiana, molto ricca anch'essa. Abū Sa'īd b. Abī al-Khayr (m. 1048)[20], mistico del Khorassan, ha preparato per molti aspetti altre grandi figure come Rūmī (m. 1273) stesso.[21] Alcuni dei temi che saranno tipici della poetica mistica di questo ultimo sono stati formati da Abu Sa'īd. Non sorprende quindi che le sue quartine siano impregnate di uno spirito mistico estremamente profondo. A riguardo dell'identità personale, si può certamente citare, nella traduzione dal linguaggio desueto del padre Giuseppe Messina S.J. (m. 1951) la seguente quartina dove è presente, nella sua interezza, il fondo della questione della personalità della creatura al cospetto del suo Creatore:

"Il saggio che penétra gli arcani alti di Dio
Di se tutto si sveste e si disperde in Dio,
L'uman essere rinnega, l'esser di Dio confessa,
E vedrai che: non c'è deità se non Dio!".[22]

Lo stesso autore, può quindi affermare un'apparente relatività della forma religiosa fondata nell'unità essenziale di Dio :

"Se il piede Ti ricerca, ogni sentiero è santo!
E varie son le vie, ma il tuo amplesso è santo!
E per l'occhio che vede la tua beltade incanta!
E diverso è l'eloquio, ma se a Te inneggia è santo!"[23]

---

[20] MUḤAMMAD B. AL-MONAWWAR, *Les étapes mystiques du shaykh Abu Sa'id*, traduit et annoté par Mohammad Achena, Parigi: Desclée de Brouwer 1974.

[21] ALBERTO FABIO AMBROSIO, *Vie d'un derviche tourneur. Doctrine et rituels du soufisme au XVIIᵉ siècle*, Parigi: CNRS 2010; ALBERTO FABIO AMBROSIO, ÈVE PIERUNEK, THIERRY ZARCONE., *Les derviches tourneurs. Doctrine, histoire et pratiques*, Parigi: Cerf 2006; LEILI ANVAR-CHENDEROFF, *Rûmî*, Paris: Entrelacs 2004; FRANKLIN D. LEWIS, *Rumi. Past and Present, East and West. The Life, Teaching and Poetry of Jalâl al-Din Rumi*, Oxford: Oneworld 2000.

[22] GIUSEPPE MESSINA, *Inizi di lirica ascetica e mistica persiana*, Roma: Pontificio Istituto Biblico 1938, p. 21.

[23] *Ibidem*.

Rūmī afferma, due secoli dopo Abū Saʿīd, lo stesso principio dell'impossibilità di presentarsi al cospetto divino con due 'io'.[24] Anzi, in maniera ancora più cogente, il mistico di Konya proclama la morte dell'io umano per sopprimere ogni tipo di dualità:

"Al Suo cospetto, due 'io' non trovavano posto. Tu dici 'io', e Lui dice 'Io'; allora, o muori tu dinanzi a Lui, oppure è Lui che morirà di fronte a te, perché ogni dualità scompaia".[25]

E poco prima aveva affermato, parlando di un derviscio, che: "La molteplicità degli esseri è una prova".[26] La vita del credente si svolge nell'ottica del raggiungimento dell'unità divina assolutizzante, quella che permette al sufi di estinguersi in Dio, in Lui. Nella 'retorica' della mistica, specialmente, di lingua persiana, è corrente trovare il superamento di ogni differenza, fosse anche religiosa, proprio in quanto la dualità è vista come una delle manifestazioni dell'associazionismo.[27] Un monoteismo assoluto che escluda ogni dualità anche di identità personale diventa un pensiero ricorrente nella mistica musulmana.

Se la dottrina del *fanāʿ* pone un problema di identità personale al teologo cristiano, altrettanto problematico è il rapporto tra Dio e il credente. La dottrina del *baqāʿ*, cioè della permanenza in Dio, dopo l'estinzione, è un escamotage teologico, messo in atto dagli stessi sufi e dai teorici del sufismo, per salvaguardare lo statuto metafisico alla creatura, che rischiava di essere messo in dubbio dalle dottrine e dalle pratiche più estreme e che, certamente, non può dissolversi nell'Assolutezza divina, pena l'andare contro il credo fondamentale dell'Islam di una sussistenza nell'Aldilà.

---

[24] ADNAN KARAISMAILOĞLU, " Mesnevî'de 'Ben' ve 'Sen' Tanımlaması", in *Nüsha*, 4 (2004), n. 15, pp. 7-14; CEM DILÇIN, "Yunus Emre'nin şiirlerinde 'Ben – Sen' ve 'Benlik – Senlik' Kavramı'", in *Uluslararası Yunus Emre Sempozyumu Bildirileri (Ankara, 7-10 Ekim 1991)*, Ankara 1995, pp. 385-398.
[25] JALÂL AD DÎN RÛMÎ, *L'essenza del reale. Fîhi-mâ-fîhi*, Torino: Psiche 1995, p. 41.
[26] JALÂL AD DÎN RÛMÎ, *L'essenza del reale. Fîhi-mâ-fîhi*, p. 21
[27] WILLIAM C. CHITTICK, "The Pluralistic Vision of Persian Sufi Poetry", in *Islam and Christian-Muslim Relations* 14 (2003), pp. 423-428.

La questione della personalità può anche essere analizzata, nella terminologia sufi, attraverso il concetto di "sé" (*nafs*) e di "segreto"(*sirr*) che coinvolgono tutto il sistema dottrinale della mistica musulmana.[28] Si tratta, infatti, di concetti fondamentali che, seppur indirettamente, incoraggiano la possibilità della fondazione metafisica della personalità del credente di fronte al suo Creatore. Se la percezione del "sé" e del "segreto" è sempre più studiata dal punto di vista agiografico, antropologico e storico,[29] tali concetti non fanno ancora oggetto di un esame approfondito sullo statuto della persona, della sua identità e della differenza ontologica tra Creatore e creatura nel Sufismo.

Le pratiche sufi, fonte d'identità

Se l'identità della persona sembra essere messa in dubbio nel suo versante teorico, come i testi proposti hanno dimostrato, il versante pratico del sufismo avvalora questo dubbio rendendolo addirittura metodico. Il rapporto tra il sufi e il suo shaykh, cioè il suo maestro spirituale, relazione fondante di tutto il sistema dottrinale e pratico del sufismo, tende ad eliminare la dualità. Rūmī, nel suo *Fīhi mā fīhi*, testo in prosa che raccoglie alcuni discorsi del mistico, afferma che:

"Quando lo Shaykh ha varcato il grado del 'noi' e dell''io', quando la sua individualità è scomparsa e non resta, e nella luce del Vero è consumata – morite prima di morire -, allora diviene la luce di Dio. Chiunque volga le spalle a questa luce e orienti il viso verso il muro, per certo sta volgendo le spalle alla Qibla [direzione di preghiera rituale], dal momento che è Lui,

---

[28] Ruqayya Yasmine Khan, *Self and Secrecy in Early Islam*, Columbia: University of South Carolina 2008; Annemarie Schimmel, "Secrecy in Sufism", in Kees W. Bolle (ed.), *Secrecy in Religions*, Leiden: Brill 1987, pp. 81-102.
[29] Ralph Elger, Yavuz Erköse (edd.), *Many Ways of Speaking About the Self. Middle Eastern Ego-Documents in Arabic, Persian and Turkish (14th-20th Century)*, Wiesbaden: Harrassowitz 2010; Cemal Kafadar, "Self and Others. The Diary of a Dervish in Seventeenth Century Istanbul and First-Person Narratives in Ottoman Literature", in *Studia Islamica*, 69 (1989), pp. 121-150.

Dio, l'anima della Qibla. Le persone volgono il viso verso la Ka'ba, che il Profeta ha istituito come direzione (Qibla) per la preghiera per il mondo: ma a maggior ragione, è Dio la vera Qibla, la Qibla della Mecca non essendo stata costituita che in vista di Lui".

L'autore riafferma, in questo testo che può risuonare come blasfemo, l'assolutezza dell'Unicità divina e della sua Onnipotenza. Di fronte all'Onnipotenza divina, tutto si estingue in Lui, anche la Ka'ba stessa e la sua direzione. Il *tawḥīd*, dogma della fede islamica che proclama l'assoluta unicità divina, diventa a tal punto reale che la consistenza dell'essere creato – e in modo particolare – delle disposizioni divine in materia di religione, perdono di consistenza. Le pratiche sufi e lo *dhikr* [reminiscenza attraverso recitazione] principalmente, non saranno altro che un esplicito atteggiamento del desiderio certo di ottenimento dell'unità divina. L'assoluta obbedienza del discepolo nei confronti del maestro, la pratica costante della reminiscenza di Dio, debbono condurre il sufi ad inabissarsi nel mistero divino.

Nella tradizione mevlevī, cioè quella dei dervisci danzanti (i celeberrimi *derviches tourneurs*) che altro non è che una delle tante confraternite sufi (*tarīqa*), il *dhikr* o costante ricordo di Dio, deve condurre il derviscio ad essere assorbito in Dio. Un testo del XVII secolo, il cui autore Isma'il Rüsühī Anḳaravī (m. 1631)[30] ha lasciato uno dei testi di riferimento per tutta la formazione mevlevī, promuove a chiare lettere il movimento da dare a tutto il ritmo di preghiera della giornata del sufi:

---

[30] ALBERTO FABIO AMBROSIO, "İsmāʿīl Rusūhī Anḳaravī. An Early Mevlevi Intervention into the Emerging Kadızadeli-Sufi Conflict", in JOHN CURRY, ERIK OHLANDER (edd.), *Sufism and Society. Arrangements of the Mystical in the Muslim World, 1200–1800*, Abingdon: Routledge 2012, pp. 183-199; ALBERTO FABIO AMBROSIO, "Ecrire et décrire la confrérie Mevleviyye entre le XVIe et le XVIIe siècle", in RACHIDA CHIH, CATHERINE MAYEUR-JAOUEN (edd.), *Le soufisme à l'époque ottomane*, Il Cairo: Institut Français d'archéologie orientale 2010, pp. 275-290; ALBERTO FABIO AMBROSIO, "Galata Mevlevihanesi'nde Şeyh Olmak/Being a Shaykh in Galata", in *Saltanatın Dervişleri Dervişlerin Saltanatı. İstanbul'da Mevlevilik/The Dervishes of Sovereignty, the Sovereignty of Dervishes. The Mevlevi Order in Istanbul*, Istanbul: Araştırmalar Enstitüsü 2007, pp. 42-56.

"ogni giorno, attorno al desco, dopo il pasto e la preghiera rituale, i dervisci intonano '*Hū*', il nome di Dio. E dovunque essi si trovino, dopo la preghiera (*du'ā'*), ripeteranno questo nome".[31]

Anche nel XIX secolo, grazie alla testimonianza di un autore interessante per i suoi legami con diverse confraternite, tra cui quella dei dervisci danzanti, İbrahim Aşçı Dede (m. 1906) riporta nelle sue ricche memorie, una descrizione del rituale dello *dhikr*:

"Senza fissare una tradizione ed un tempo particolari, diventa un'abitudine la ripetizione del nome sublime nel silenzio e nel segreto delle occupazioni. Soltanto una volta nello spazio nelle ventiquattro ore e all'inizio delle ventiquattro ore, cioè della mezzanotte, fino alla mezzanotte del giorno seguente. In questo lasso di tempo, in ogni momento o in qualsiasi istante, rivolto verso la direzione della Mecca, con perfetto atteggiamento e devozione, dopo aver pronunciato la 'bi-smi llāh', tanto che gli è possibile ascolterà pubblicamente il suono forte del nome sublime almeno 66, 366 oppure 600 od anche 1000 volte, con l'aiuto dello strumento per contare".[32]

La questione dell'identità, meno evidente in questo caso, è superata dal fatto che il sufi deve essere talmente intento e talmente impegnato nel fare reminiscenza del nome di Dio, che perde una sua coscienza. Anche la pratica del sufismo conduce a pensare l'identità della persona come vaga o sottomessa all'identificazione con l'Io divino. Ciò che importa maggiormente al sufi è, in ultima analisi, perdersi in Dio. Insieme alla tradizione orientalistica europea, l'identità personale, nella concezione sufi, è messa seriamente in discussione tanto nei testi che registrano la profonda esperienza mistica, tanto nella dottrina (*fanā'*) quanto nelle pratiche sufi. Queste ultime non sono mai state lette in chiave dottrinale e teologica. Esse sono invece quanto mai espressive di un'antro-

---

[31] İSMAIL RUSÛHÎ ANKARAVÎ, *Minhâcü'l-Fukarâ. Mevlevî Âdâb ve Erkânı Tasavvuf Istılahları*, Istanbul: İnsan 1996, p. 169.

[32] AŞÇI İBRAHIM DEDE, *Aşçı Dede'nin hatıraları: çok yönlü bir sufinin gözüyle son dönem Osmanlı hayatı*, ed. MUSTAFA KOÇ, EYYÜP TANRIVERDI, vol. 2, Istanbul: Kitabevi, 2006, p. 1029.

pologia mistica. Anche Nicholson aveva affermato che: "Tawḥīd is defined as 'the absoluteness of the Divine nature realised in the passing-away of the human nature".[33]

Conclusione: giocare con l'assenza e la differenza

Il sistema dottrinale e di pratiche sufi potrebbe mettere a seria prova l'ipotesi di un'identità personale e l'idea di un impulso sufi sarebbe vanificata.

L'apparente aporia individuabile nel rapporto tra il sufi e Dio, tra il suo inabissarsi in Dio e il suo permanere nella divinità, tra il *fanā'* e il *baqā'*, è superabile in una prospettiva tipicamente spirituale, dove, per spirituale s'intenda una certa *levitas*, una certa leggerezza spirituale. La mistica, per esistere ha bisogno di testi scritti. Non si dà una mistica senza testi scritti o trascrizioni di esperienza. Il legame tra scritto ed esperienza mistica è fondante e fondamentale. Se la mistica fosse puramente apofatica, come vorrebbe esserlo nella sua essenza, il silenzio non dovrebbe essere minimamente rotto da una qualsiasi parola, per quanto essa sia importante. Rompere la legge del silenzio che fonda la mistica significa entrare in un'ottica linguistica ed ermeneutica. Fintanto che il sufi o mistico musulmano scriverà la sua esperienza spirituale o che questa stessa sia trascritta da un autore, il rapporto personale con Dio sarà sempre legittimato. Come possiamo affermare che l'Io non sono più io, ma che sono Lui, se sono sempre io a dirlo o a pensarlo? Sistematizzare un'esperienza spirituale – fosse anche di fusione – significa ancora mantenere l'identità forte tra creatura e Creatore, tra amante e Amato. Nell'amore si dà identità tra amante e amato, ma si ha la possibilità di parlare di questa esperienza. Descrivendo, registrando, affermando questa esperienza sempre e comunque io affermo un'identità.

Se il sufi non esistesse davvero più se non in Dio, come si potrebbe ancora avere il coraggio di pubblicare un testo sufi?

---

[33] REYNOLD A. NICHOLSON, *The Idea of Personality in Sufism*, p. 13.

CONCEZIONI MISTICHE DELL'IDENTITÀ PERSONALE

La mistica come fenomeno eminentemente di scrittura spirituale afferma ogni volta un'identità. È forse fuorviante l'idea che in mistica, le differenze scompaiano. Dimmi di che mistica sei, e ti dirò la tua fede, si potrebbe sempre glossare. La mistica come produzione di testi mistici ci conduce ad un'ipotesi alquanto raffinata di dialogo o di riconoscimento delle differenze.

Se il paradigma del rapporto personale o 'presunto' personale con Dio da parte del sufi così com'è stato descritto fino ad oggi è valido, si presenterà allora l'idea, dapprima e la realtà, in seguito, estremamente interessante e feconda. Il sufi affermando, descrivendo, trascrivendo la sua esperienza, fosse anche quella dell'inabissamento in Dio, rende salva ed intatta la sua identità, anzi la rafforza. Non ha paura di annichilirsi in Dio, perché sa per certo che la sua identità permane nella divinità. Anzi più si annulla nella divinità e più la sua identità di creatura probabilmente sarà esaltata. Possiamo prendere la relazione, che è di ragione, anche nei termini opposti. Più il sufi cercherà di annullare la sua identità e più questa stessa identità sarà rafforzata, rinvigorita, soprattutto se analizzata, studiata e registrata.

Per il sufi esiste una sorta di sottile e raffinata separazione tra ciò che è dell'ordine dell'esperienza esperita e dell'esperienza trascritta. Sa che più la sua esperienza dell'annullamento mistico è trascritta e più la sua esperienza esperita dell'annullamento lo rende consistente.

Applicato al dialogo, questa distinzione tra esperienza esperita ed esperienza trascritta conduce a pensare ad un paradigma di dialogo dove differenze e identità siano fatte salve ed anzi accentuate. Più affermiamo con tenacia l'esperienza del dialogo come metodo costante di ricerca e più si esperisce – senza bisogno di affermarlo – la differenza. Più si affermano somiglianze, comunanze e talvolta identità e più si esperisce la differenza religiosa. L'affermazione metodica del dialogo come possibilità unica d'identità sembra attualmente una verità imprescindibile, anche perché se il rapporto che non è di ragione lo prendiamo dal lato esattamente opposto, il risultato sarà necessariamente contrario. Più si afferma e si trascrive in continuazione l'identità religiosa, più si farà esperienza dell'incomunicabilità tra fedi e tra religioni. Più sentiamo il bisogno di affermare la nostra identità particolare e più accresceremo in noi la violenza dello scontro.

L'espressione linguistica del sufi che si rivolge al Suo Dio in termini di annullamento esprime un rapporto di gioco tra identità forti e di dialogo ancora più intenso. Dire dialogo e volerlo, significa trascrivere differenze, sentirle ma non nello scontro, nell'incontro. Dire identità a tutti i costi, conduce allo scontro violento. È necessario che la verità del dialogo tra le differenze sia affermata, descritta, detta, trascritta e proclamata. Il fatto di enunciare il bisogno di dialogo ed in fondo di praticarlo, farà spontaneamente emergere ed esperire – cioè fare esperienza – della propria identità, così come il sufi afferma il proprio annullamento in Dio per esperire la sua propria identità di creatura che si immerge nell'Amato.

Vorrei concludere con questa affermazione mistica di Rūmī che, più leggo e più medito e più mi sembra così espressiva, anche di un vero dialogo che nasca dalle viscere del credente:

> "Maria è l'immagine del corpo, e noi abbiamo tutti un Gesù. Se proviamo dolore, il nostro Gesù potrà nascere; ma se non proviamo alcuna pena, Gesù, per lo stesso cammino segreto attraverso il quale era giunto, tornerà al suo principio lasciandoci privi di grazie".[34]

Se non proviamo le doglie del dialogo, non potremo mai dare alla luce la verità, anzi quest'ultima per la stessa strada nascosta da cui è arrivata, si allontanerà lasciandoci privi di ogni ricchezza divina e spirituale.

---

[34] Jalâl ad Dîn Rûmî, *L'essenza del reale. Fîhi-mâ-fîhi*, Torino: Psiche 1995, p. 37

BERNARD O'CONNOR

Identità compromessa?
Come la mediazione facilita il dialogo

Introduzione

Il termine mediazione si riferisce ad una strutturata metodologia per mezzo della quale gli intervenienti di una terza parte si frappongono tra individui o gruppi che si trovano in una situazione di evidente conflitto, oppure si frappongono in una divergenza in cui ciascuna parte difende determinate posizioni ideologiche. La funzione della mediazione non è mai di imporre una soluzione ad una controversia e neanche quella di tentare di dissolvere robuste prospettive contrastanti; lo scopo preciso della mediazione va piuttosto nella direzione che propone il sottotitolo di questo studio.

In breve, la mediazione permette a persone con intenzioni contrastanti di poter scoprire e riaffermare aspetti della propria identità che sono ritenuti fondamentali e che sono visti come potenzialmente minacciati da una specifica istanza. Come rivela il processo formale della mediazione, le parti in causa sono incoraggiate a scoprire l'una nell'altra ciò che costituisce la propria identità, nonché il modo in cui gli argomenti che provocano conflitti sono il risultato di lunghi errori di percezione; la mediazione suscita, dunque, chiarimenti. Essa non implica la rinuncia alla propria identità, bensì esprime ciò che è essenziale per l'identità stessa, ovvero il fatto che il servizio è il fondamento attraverso cui si possono costruire relazioni basate sul rispetto reciproco, si possono fondare collaborazioni per il perseguimento della verità, nonché cooperazioni per il raggiungimento di scopi comuni di progresso e sviluppo.

La mediazione non sradica le credenze intrinseche, bensì suggerisce che la convinzione con cui tali credenze sono perpetuate non ha bisogno di erigere barriere per la comprensione fraterna.

Al contrario, ciò che è unico per ciascuno si propone come una possibilità di trasmette l'unicità della ricchezza delle distinte eredità, della storia e dei rispettivi patrimoni. In primo luogo, la mediazione invita al dialogo: il riconoscimento del fatto che, il dover descrivere se stessi conduce – quasi sempre – a conferire un beneficio condiviso. La mediazione è spesso caratterizzata dall'opzione di scegliere se il dilemma del tipo "bene comune" (*win-win*) possa sovrapporsi sull'alternativa legalistica del tipo "bene unilaterale" (*win-lose*). Ciò che la mediazione permette è, quindi, uno scambio – un dialogo – nel quale ciò che noi acquisiamo "con" e "da" un altro, supera alquanto ciò che appartiene a noi, che ci separa e ci isola dagli altri.

Dei principi per la mediazione ed il dialogo

Elenchiamo qui 38 principi, presentandoli sempre nello schema "Esposizione", "Enciclica" e "Esemplificazione".

"Esposizione" rappresenta ciò che deriva dalla ricerca contemporanea sulla teoria e la prassi della mediazione. Per esempio, cfr. Kimberlee Kovach's, Mediation: Principles and Practice, St. Paul, MN: West Publishing, 2004.

"Enciclica" si riferisce all'Enciclica del papa Paolo VI Ecclesiam Suam del 6 agosto 1964, che può essere considerata come la "Carta Costituzionale" del perseguimento del dialogo nel contesto ecclesiale ed interreligioso.

Infine, "Esemplificazione" offre esempi provenendo dalla storia recente in cui tali principi sono perlomeno insinuati, pur non necessariamente in maniera sistematica, in reti d'informazione, quali il *Time Magazine* e lo *Zenit International News Service*, risorse facilmente accessibili. L'"Esemplificazione" attesta, quindi, il modo pervasivo con cui il pensiero e l'approccio alla mediazione influenzano il secolare *milieu* contemporaneo.

In base a questo modello, dunque, possiamo fare le seguenti considerazioni.

1

Esposizione. Né il conflitto, né la presenza di differenze ideologiche devono essere considerate come automaticamente sconfitte.

Ecclesiam Suam. "Sollecito parimenti di assistere, con la proclamazione dei principi umani superiori" (§ 17).

Esemplificazione. "La guerra nell'Iraq era stata gestita in maniera criminale per oltre quattro anni [...] oggi, la situazione in Afganistan è trascurata con un atteggiamento altrettanto criminale". Questa posizione, tuttavia, è cambiata, quando il Segretario di Difesa degli Stati Uniti dell'America fu sostituito da David Petraeus.[1]

2

Esposizione. I conflitti e le differenze ideologiche possono essere analizzate, valutate e avvicinate razionalmente.

Ecclesiam Suam. "A temperare gli egoismi e le passioni donde scaturiscano gli scontri bellici, l'armonica convivenza e la fruttuosa collaborazione fra i popoli; e d'intervenire, ove l'opportunità ci sia offerta" (§ 17).

Esemplificazione. Tre grandi cambiamenti sono necessari nell'ambito della politica estera europea: in primo luogo, bisogna impegnarsi, sul lungo periodo, a disinnescare la rabbia islamica; in secondo luogo, a promuovere il desiderio di stabilire una forte *partnership* tra l'Asia e l'Europa; infine, in terzo luogo ad astenersi dall'ossessione dai rapporti trans-atlantici.[2]

3

Esposizione. Valutare le potenzialità della mediazione, al fine di evidenziare le conseguenze positive per i partiti, per i co-mediatori, per le organizzazioni e per la società.

---

[1] Joe Klein, "The Endless Campaign," *Time*, 22 marzo 2010, p. 15.
[2] Kishore Mohbubani, "Europe's Errors," *Time*, 8 marzo 2010, p. 20.

Ecclesiam Suam. "[...] per coadiuvare le parti contendenti a onorevoli e fraterne soluzioni" (§ 17).

Esemplificazione. Il governo sudanese ha concordato un trattato di pace, coinvolgendo il gruppo di ribelli più influente della regione del Darfur, ossia il Movimento di Giustizia e Parità (JEM). Ciò nonostante, la prospettiva generale non è positiva, data l'assenza di altri gruppi di ribelli in qualità di *partner* del trattato e nella registrazione del fallimento di una tregua.[3]

4

Esposizione. La mediazione assume sia elementi soggettivi (per es. l'interpretazione), che oggettivi (processi procedurali).

Ecclesiam Suam. La consapevolezza di se stessi è essenziale per la partecipazione al dialogo (cf. § 10-41); "[...] come al Signore piacerà di darCene l'ispirazione e la forza" (§ 18); confermato dall'"abbondanza della letteratura teologica avente per oggetto la Chiesa e sgorgata dal suo seno nel secolo scorso e nel nostro" (§ 32).

Esemplificazione. Considerare "Google" come una minaccia per far estromettere la Cina. Ciò riguarda: "La percezione da parte della Cina delle attitudini straniere [...]. Le sfide dei cinesi e dei non-cinesi sono legittime e le loro fobie comprensibili. "Google" è solo un "tramite" (*proxy*) in questa disputa intensificata. Si tratta, in realtà, di equilibrare la dinamica politico-economica tra la Cina ed il mondo sviluppato".[4]

5

Esposizione. La mediazione cerca di ripristinare la legittima "proprietà" ed il "controllo" dei problemi e le controversie fra le parti in causa.

Ecclesiam Suam. "Non è in Nostro potere transigere sull'integrità della fede e sulle esigenze della carità. Intravediamo diffidenze e resistenze a questo riguardo" (§ 113) – qui il riferimento è agli elementi essenziali della dottrina e del dogma.

---

[3] "SUDAN: Possible Peace," *Time*, 8 marzo 2010, p. 7.
[4] JAMES MCGREGOR, "The China Fix," *Time*, 1 febbraio 2010, p. 52.

Esemplificazione. Negli ultimi anni dopo il Trattato di Oslo (1993), un nuovo governo palestinese "incominciò a restituire l'ordine e ad enfatizzare la necessità dello sviluppo economico". Bisogna considerare, ad esempio, il successo del "Programma di Educazione per l'Occupazione", specialmente in termini di impatto positivo che esso ebbe sulle donne.[5]

6
Esposizione. La mediazione rivela un modello di ruolo costruttivo.
Ecclesiam Suam. "La Chiesa ha "un annuncio da diffondere" (§ 66); "la Chiesa si fa parola; la Chiesa si fa messaggio" (§ 67).
Esemplificazione. "Il dialogo interconfessionale è un'altra forma del processo religioso a favore della pace". Da un lato non mira alla risoluzione di un conflitto particolare, mentre d'altro auspica di "diffondere le tensioni interconfessionali che possono causare futuri conflitti o riprendere conflitti precedenti [...]". "Tale dialogo può promuovere un contesto di scambi più significativi e più produttivi.[6]

7
Esposizione. La mediazione promuove la reciprocità, la cooperazione e la collaborazione.
Ecclesiam Suam. "Ci piace confidare nella vostra collaborazione, mentre vi offriamo la Nostra" (§ 122).
Esemplificazione. L'attività pacifica della scomparsa Girya Koirala, eletta per quattro volte Primo Ministro del Nepal. Lei, che peraltro fece abolire la monarchia, dopo il massacro del 2001, evitò l'anarchia, raggiungendo piuttosto i maoisti e portandoli verso un processo di pace[7].

8
Esposizione. La mediazione favorisce il dialogo e la libertà della comunicazione.

---

[5] JOE KLEIN, "West Bank Renewal," *Time*, 8 marzo 2010, p. 12.
[6] DAVID SMOCK, "Religion in World Affairs: Special Report 201," febbraio 2008, United States Institute of Peace.
[7] *Time*, 5 aprile 2010, p. 13.

Ecclesiam Suam. "Il colloquio è perciò [...] un'arte di comunicazione spirituale" (§ 83). "Dobbiamo domandarne al Signore stesso il grave e inebriante carisma (della parola)" (§ 95). La Chiesa ha "un annuncio da diffondere" (§ 66).

Esemplificazione. La Santa Sede ha indicato che l'incontro tra il Papa Benedetto e il Presidente del Vietnam ha segnalato "uno stadio significativo nel processo dei rapporti bilaterali con il Vietnam" ed ha espresso la speranza che "le questioni di maggior rilievo possano essere risolte al più presto possibile".[8]

9

Esposizione. La mediazione difende l'accettazione del principio sull'unicità di ciascuna persona, sulla validità delle loro preoccupazioni e sulle prospettive del diritto, del rispetto e della dignità della persona umana.

Ecclesiam Suam. "Dobbiamo servire ed amare la Chiesa quale è[...] Egli (Dio) assiste e guida la Chiesa anche quando permette che la debolezza umana ne offuschi, di molto, la purezza di linee e la bellezza d'azione" (§ 49).

Esemplificazione. In merito ai rapporti tra la Turchia e l'Armenia "non appena si avvierà il commercio, l'interazione reciproca e il dialogo, sarà più facile scoprire uno spazio comune anche all'interno di argomenti complessi [...] Occorrerà, tuttavia, tempo affinché la Turchia e l'Armenia superino decenni di mutua diffidenza [...] L'annuncio di una nuova trattativa di pace potrebbe essere già il primo passo".[9]

10

Esposizione. La mediazione mira al rifiuto dell'influenza che hanno i pregiudizi e i preconcetti danneggianti.

Ecclesiam Suam. "La fiducia, tanto nella virtù della parola propria, quanto nell'attitudine ad accoglierla da parte dell'interlocutore: promuove la confidenza e l'amicizia" (§ 83).

---

[8] "Pontiff Receives Vietnamese President," *Zenit*, 11 dicembre 2009.
[9] PELIN TURGUT, "Can Old Enemies Learn to Get Along?," *Time*, 21 settembre 2009, p. 6.

Esemplificazione. "È difficile insegnare ad un popolo, che è appena uscito da una dittatura, a negoziare l'uno con l'altro. In una dittatura tutto quello che si conosce è solo la "vittoria" o la "sconfitta" (*win-lose*). Occorre loro, dunque, il tempo necessario affinché comprendano che in una democrazia vi possano essere anche dei compromessi di "vittoria reciproca" (*win-win*)[10].

11
Esposizione. La mediazione incoraggia energicamente le parti disputanti ad assumere la proprie responsabilità.
Ecclesiam Suam. Come (la Chiesa) deve premunirsi dal pericolo d'un relativismo che intacchi la sua fedeltà dogmatica e morale" (§ 90).
Esemplificazione. "La buona riuscita della modernizzazione delle società [...] non è soltanto una questione economica [...]. Essa dipende anche dall'avere governi efficienti e trasparenti in tutti i livelli, che non perdano l'elargizione economica neppure se ne appropriano per fini dei politici e burocratici".[11]

12
Esposizione. La mediazione è partecipatoria e dinamica.
Ecclesiam Suam. "Ci piace confidare nella vostra collaborazione, mentre vi offriamo la Nostra" (§ 122). Promuoviamo un "dialogo adattato all'indole dell'interlocutore e delle circostanze di fatto [...] (rendendo disponibili) a parlare, a trattare con dignità di dialogo" (§ 80).
Esemplificazione. "Ci sono lezioni da imparare dall'importante impegno internazionale evidenziato dopo lo *tsunami* dell'Asia del 2004 [...]". Bisogna che si crei una visione nazionale (uguale a quella statunitense) e un coordinamento davvero rilevante sia per le Nazioni Unite e i paesi donatori, sia per le 10.000 organizzazioni non governative impegnate in Haiti. – Abbiamo lavorato insieme verso uno scopo comune.[12]

---

[10] ANDREW LEE BATTERS, "Iraq's Messy Democracy," *Time*, 15 marzo 2010, p. 20.
[11] MICHAEL ELLIOTT, "The India Model," *Time*, 23 novembre 2009, p. 76.
[12] BILL CLINTON, "What Haiti Needs," *Time*, 25 gennaio 2010, p. 21.

13

Esposizione. La mediazione desidera custodire e intensificare le relazioni tra le parti disputanti.

Ecclesiam Suam. "Non vi sia ancor oggi alcuna preconcetta esclusione verso le persone che professano i suddetti sistemi e aderiscono ai regimi stessi" (§ 106), ovvero all'agnosticismo, l'ateismo.

Esemplificazione. In merito al Medio Oriente, David Makovsky, del Washington Institute for Near East Policy, sostiene che "dovremmo incominciare dalla questione più difficile: gli insediamenti israeliani. Attualmente, è possibile lavorare su uno scambio di terre, circa un 4%, che potrebbe soddisfare entrambi le parti [...].[13]

14

Esposizione. La mediazione rifiuta di essere giudicante, perché essa si rivela tramite il suo processo.

Ecclesiam Suam. "Il dialogo della salvezza dev'essere senza limiti e senza calcoli" (§ 76); "non altro che l'amore, fervente e disinteressato, dovrà muovere il nostro" (§ 75); "il mondo bisogna accostarlo e parlargli" (§ 70).

Esemplificazione. Al contrario, è da considerare la dichiarazione del leader della Libia M. Gheddafi di "indirizzare lo *jihad* contro la Svizzera", come risposta al *referendum* svizzero sui minareti.[14]

15

Esposizione. La mediazione genera strategie ed opzioni creative che risolvono i problemi.

Ecclesiam Suam. "[...] Molteplici sono le forme del dialogo della salvezza" (§88). "La dialettica di questo esercizio di pensiero e di pazienza [...] ci obbligherà ad esprimere con grande lealtà il nostro insegnamento [...] Il dialogo ci farà sapienti, ci farà maestri" (§ 83, § 2).

Esemplificazione. In merito all'Iran: "Nuove sanzioni indiscriminate probabilmente chiuderanno la finestra per le azioni diplomatiche [...] e

---

[13] JOE KLEIN, "The Real Peace Prize," *Time*, 26 ottobre 2009, p. 19.
[14] "Verbatim", *Time*, 15 marzo 2010, p. 9.

non faranno sì che le attitudini cambino. Teheran, invece, crede di poter garantire la propria sicurezza solo generando la confusione".[15]

16

Esposizione. La mediazione si sposa con la tolleranza.
Ecclesiam Suam. "Nel dialogo si scopre come diverse sono le vie che conducono alla luce della fede [...] anche divergenti" (§ 86).
Esemplificazione. Nel 2009, Gheddafi "opta a favore della soluzione di un solo Stato" in merito alla situazione israelo-palestinese, dichiarando che: "dobbiamo servire Dio per garantire la sicurezza degli ebrei. Ciò potrebbe essere realizzato se Israele accettasse i palestinesi. Infatti, riconoscendo i palestinesi, accetterebbe che si potrebbe vivere insieme ai palestinesi in un solo Stato [...] L'unica via aperta per loro (israeliani) è quella di accettare che gli arabi [...] possano coesistere con loro, in quanto lo costruzione di uno Stato puramente ebraico non è nel loro interesse. Questo dovrebbe essere il loro obiettivo".[16]

17

Esposizione. La mediazione non è auto-determinata (per es., vanno osservate certe condizioni fondamentali, durante le sessioni di mediazione).
Ecclesiam Suam. "Noi non vogliamo entrare nell'esame concreto dei temi che tale studio si propone, vogliamo disporre gli animi, non trattare le cose" (§ 68). "Né la custodia, né la difesa esauriscono il dovere della Chiesa rispetto ai doni che essa possiede" (§ 66).
Esemplificazione. L'incontro tra il Vaticano ed Israele fu caratterizzato da uno spirito di cordialità, contraddicendo così le anticipazioni giornalistiche: "La plenaria concordò le linee-guida da seguire per il lavoro che sarebbe stato fatto sugli accordi" (per es. sulla tassazione e sullo stato proprietario di circa 1.000 proprietà ecclesiastiche).[17]

---

[15] TRITA BAISI, "The Iranian Riddle," *Time*, 15 marzo 2010, p. 48.
[16] "The Accumulation of Ice will Thaw Out Though Contact, Dialogue," intervista con M. GADDAFI, *Time*, 12 ottobre 2009, p. 33.
[17] "Vatican-Israel Meeting Seen as Positive," Zenit 11 dicembre 2009.

18

Esposizione. La mediazione è sistematica nella sua metodologia e non arbitrale.

Ecclesiam Suam. "L'arte dell'apostolato è rischiosa [...]. (Essa) non deve tradursi in un'attenuazione, in una diminuzione della verità. Il nostro dialogo non può essere una debolezza rispetto all'impegno verso la nostra fede" (§ 91). L'intento del Concilio era quello di indicare "alcuni criteri teorici e pratici, che serviranno da guida per condurre bene il nostro dialogo con gli uomini del tempo nostro" (§ 93).

Esemplificazione. Per la prima volta in 356 anni, vi è un dialogo autorevole tra i Vescovi Cattolici della Cerala e i Siriani ortodossi. Ci sono quindi "gruppi che possono preparare la guida per una cooperazione reciproca"[18].

19

Esposizione. I mediatori facilitano; non manipolano, non contrastano, non dominano né impongono i loro punti di vista e le loro referenze.

Ecclesiam Suam. "La Chiesa cattolica non cesserà di rendersi idonea e degna, nella preghiera e nella penitenza, dell'auspicata riconciliazione" (§ 113).

Esemplificazione. Per quanto riguarda i negoziati tra Israele e Palestina, "gli Stati Uniti hanno diverse opzioni. Potrebbero mettere sul tavolo il proprio piano di pace globale. Potrebbero modificare l'obiettivo centrale d'intermediazione tra Israele e Siria, oppure potrebbero rinvigorire ampiamente lo sforzo di costruire delle istituzioni palestinesi nella sponda occidentale, come parte di un progressivo cammino verso la pace".[19]

20

Esposizione. I mediatori tentano di armonizzare fatti e verità.

Ecclesiam Suam. "Nel dialogo, così condotto, si realizza l'unione della verità con la carità, dell'intelligenza con l'amore" (§ 85); lo stesso

---

[18] "Catholic, Orthodox Churches Make Historic Moves," *Catholic Asian News*, 17 dicembre 2009.

[19] WALTER ISAACSON, "Glimmers in the Holy Land," *Time*, 21 dicembre 2009, p. 13.

"dialogo" si riferisce a "questo interiore impulso di carità, che tende a farsi esteriore dono di carità, il nome" (§ 66).
Esemplificazione. "Perché il sostegno economico esterno possa avere dei risultati in Yemen, esso dovrebbe associarsi con un processo di riforme indirizzato da un lato contro la corruzione endemica dello Yemen e dall'altro svalutare il potere del presidente Sileh [...] Facendo uso degli incentivi giusti, le tribù nelle aree d'influenza di al Qaeda potrebbero essere indotte a volgersi contro gli estremisti [...]. Gestire le aspettative a partire dal basso sembrerebbe, dunque, un passo significativo".[20]

21

Esposizione. La mediazione è una forma d'intervento, d'assistenza, che non può rappresentare mai una mentalità che chiede di lasciar "riparare" i dilemmi posti.
Ecclesiam Suam. "L'ipotesi d'un dialogo si fa assai difficile [...] sebbene nel nostro animo non vi sia ancor oggi alcuna preconcetta esclusione" (§ 106).
Esemplificazione. Il governo israeliano annuncia il progetto di costruire 1.600 nuove unità residenziali ad Est di Gerusalemme; il problema che stanno affrontando gli Stati Uniti riguarda il fatto che "né gli israeliani né i palestinesi desiderano, in fondo, il ripristino delle trattative di pace". Si stima che il 75% del popolo israeliano supporti l'idea dello Stato palestinese. Tuttavia, non più di 1/3 di loro crede che ciò potrà essere realizzato nei prossimi cinque anni. Il 70% dei palestinesi sostiene che le eventualità che questo si realizzi sono scarse. "C'è un clima di incomprensione, di amarezza e di disperazione". Questo modo di pensare si potrebbe definire come "WATNA" (Worst Alternative to a Negotiated Agreement).[21]

22

Esposizione. La mediazione è realistica, giacché riconosce che non esiste spesso una "soluzione facile" ai problemi e alle crisi umane.

---

[20] "On Yemen: The Most Fragile Ally," *Time*, 18 gennaio 2010, p. 16.
[21] RAMESH RATNESAR'S, "Jerusalem Sideshow," *Time*, 29 marzo 2010, p. 13.

Ecclesiam Suam. È importante apprendere quanto "molteplici siano le forme del dialogo" (§ 88); "ostacoli d'indole morale possono accrescere enormemente le difficoltà"(per. es. quando la discussione è dominata da "fini utilitari", *n.d.r.* (§ 106).

Esemplificazione. Considerando l'attentato avvenuto nel Natale del 2009 sul volo NW 253, era chiaro che Abdulmutallab "non fosse particolarmente ben addestrato [...] il motto terrorista sembra ora essere: "se non puoi fare grandi attacchi, fai quelli di piccola misura".[22]

23

Esposizione. La mediazione è un investimento di lunga durata, per l'auspicio di risultati che diano soluzione ad una situazione problematica e di afflizione.

Ecclesiam Suam. La "Chiesa cattolica dev'essere pronta a sostenere il dialogo con tutti gli uomini di buona volontà, dentro e fuori l'ambito suo proprio" (§ 97).

Esemplificazione. "Il modo migliore per risolvere la situazione a Gaza è che gli Stati Uniti convincano silenziosamente Hamas della necessità che venga consegnato Shalit [...]. Gli Stati Uniti possono lavorare inoltre per persuadere Israele a cessare l'assedio. Il problema è che gli Stati Uniti non desiderano parlare con Hamas. Ora, Obama vuole coinvolgere Hamas e a ciò deve rispondere tempestivamente".[23]

24

Esposizione. La mediazione non è solamente l'applicazione di una procedura, ma soprattutto un'attività che passo dopo passo, intende incrementare l'attuazione di un'azione progressiva.

Ecclesiam Suam. Considerare (ciò che) ancora c'è da fare: "Il lavoro comincia oggi e non finisce mai" (§ 121).

Esemplificazione. Il 26 marzo 2010 fu stipulato l'Accordo tra gli Stati Uniti e la Russia per la riduzione del 30% delle armi nucleari nell'arco dei prossimi sette anni. Conosciuto come: "START Follow-On Treaty", è, tuttavia, il frutto di una lunga serie d'iniziative diplomatiche che fu-

---

[22] PETER BEINART, "What al-Qaeda Can't do," *Time*, 18 gennaio 2010, p. 17.
[23] JOE KLEIN, "Middle East Muddle," *Time*, 1 marzo 2010, p. 13.

rono avviate, ad es., con il Trattato Anti-Balistico del 1972 (che vietava l'aumento dei sistemi di difesa, concordato tra gli Stati Uniti e l'Unione Sovietica). A questi primi passi seguirono: i negoziati sulla limitazione delle Armi Strategiche del 1972, l'incontro del 1986 in Islanda fra Ronald Reagan e Mikhail Gorbachev, che, pur non avendo avuto successo dal punto di vista tecnico, preparò le parti per il Trattato delle Forze Nucleari di Medio Raggio del 1987 (l'unico Accordo che tuttora è riuscito ad eliminare un'intera classe di armi nucleari); e, infine, il Trattato del 1991 sulla Riduzione delle Armi Strategiche (START I), che prevedeva il taglio delle armi nucleari in eccesso, benché la prospettiva della distruzione reciproca fosse ancora indugiata [...]. Rispetto a tutto ciò, l'Accordo del 2010 risulta essere alquanto "modesto", poiché non c'è ancora una "risposta chiara di un disarmo totale" e perché "nessuno sa come arrivare ad un azzeramento delle tensioni[24]."

25
Esposizione. La mediazione è interculturale.

Ecclesiam Suam classifica il dialogo "fra i fenomeni migliori dell'attività e della cultura umana" (§ 83).

Esemplificazione. Alla Conferenza di Sicurezza di Monaco, il ministro cinese degli Affari Esteri, Yang Jiechi, aveva indicato che tutte le parti legate tra di loro da interessi generali e di lunga prospettiva nel Medio Oriente, avrebbero dovuto "stabilire degli sforzi diplomatici, al fine di rimanere pazienti e adottare una politica flessibile, pragmatica e positiva. Lo scopo è di cercare un soluzione integrale e di lunga durata tramite il dialogo e le negoziazioni".[25]

Bisogna, inoltre, considerare, riguardo alla situazione iraniana e mediorientale, che: "la credenza infantile, per cui le soluzioni offerte da parti esterne possano funzionare per la regione del Medio Oriente, dimostra un'ignoranza della storia e della cultura del Medio Oriente". – "Erroneamente, ad esempio, si crede che per l'ex sceicco dell'Iran la modernizzazione equivalga all'occidentalizzazione".[26]

---

[24] E. HARRELL, "Brief History," *Time,* 12 aprile 2010, p. 12.
[25] BILL POWER, "China's Iran Dilemma," *Time,* 22 febbraio 2010, p. 13.
[26] CARLA POWER, "A Time to Remember," *Time,* 22 febbraio 2010, p. 33.

26

Esposizione. La mediazione è inter-confessionale, ecumenica e interreligiosa.
Ecclesiam Suam. Vi è il "cerchio" delle "confessioni religiose non cristiane" (§ 111-112), il cerchio dei "fratelli cristiani separati" (§ 113); tuttavia ci riconosciamo come uguali e ci rispettiamo l'uno l'altro.
Esemplificazione. "È necessaria oggi la divulgazione dei valori fondanti del Sufismo – dell'amore, dell'armonia, della bellezza"[27].

27

Esposizione. La mediazione attesta il primato della giustizia, sia nella teoria che nella prassi.
Ecclesiam Suam. Il dialogo "Non promette la felicità terrena [...] parla piuttosto agli uomini del loro destino trascendente. E intanto ragiona con essi su verità, giustizia, libertà, progresso, concordia, pace, civiltà" (§ 99).
Esemplificazione. "La Commissione di Verità e Riconciliazione non fu uno strumento perfetto, ma svolse un buon lavoro. Ha aperto e pulito un'anima purulente, imbalsamata e auto-critica".[28]

28

Esposizione. La mediazione intende anzitutto "equilibrare il potere" tra le parti in disputa (è fondamentale, a tale scopo, il riconoscimento della loro parità).
Ecclesiam Suam. "Il Vangelo non cede tuttavia all'illusione della bontà naturale dell'uomo" (§61); il pericolo che "il relativismo, che tutto giustifica e tutto qualifica come di pari valore [...], ha l'abitudine di togliere ogni sforzo, ogni incomodo dalla pratica consueta della vita" (§ 51).
Esemplificazione. "Come tutte le politiche sono locali (fino ad una certa misura) e tutte le diplomazie sono nazionali (in larga misura), così la crescita drammatica della Cina può aver aumentato la sua abilità di essere meno deferente nei confronti degli Stati Uniti [...].

---

[27] ISLAAN THAROOR, "A Gentler Islam," *Time*, 21 settembre 2009, p. 52.
[28] "10 Questions for Desmond Tutu," *Time*, 22 marzo 2010, p. 6.

Una serie di azioni simili, tuttavia, non rappresenta necessariamente una politica coerente [...]. (Bisogna essere) prudenti e non eccessivamente immersi nell'intensità della retorica [...] e (non lasciare che) la situazione attuale (tra la Cina e gli Stati Uniti) faccia sì che scenda in secondo piano l'evidenza di quanto siamo diventati intrecciati"[29].

29
Esposizione. I mediatori non "hanno un debito", né appartengono alle influenze e agli interessi di gruppi o autorità esterne.
Ecclesiam Suam. "Non abbiamo alcuna mira politica o temporale" (§ 102).
Esemplificazione. Per quel che riguarda la Cina e l'India, "l'idea che lo Stato ha contribuito alla ricchezza della Cina, semplicemente, non è valida [...] la Cina cominciò a crescere soltanto quando la prepotenza del governo si fece da parte consentendo alle imprese private di prosperare. Lo stesso vale per l'India. In tutta l'Asia, il motore primario della crescita è sempre stato il mercato e non lo Stato"[30].

30
Esposizione. La mediazione è auto-critica, riflessiva e valutativa.
Ecclesiam Suam. Il dialogo "obbedisce a esigenze sperimentali, sceglie i mezzi propizi, non si lega a vani apriorismi, non si fissa in espressioni immobili, qualora queste avessero perduto la virtù di parlare e di muovere gli uomini." (§ 88).
Esemplificazione. Il papa Giovanni Paolo II, con la costante assistenza del Cardinale Antonio Samoré, aiutò il processo di mediazione nella disputa tra l'Argentina e il Cile circa le isole Beagle (1979-1984). A proposito del Trattato definitivo, papa Benedetto XVI affermò: "Riconosciamo che è necessario preservare la ferma determinazione circa le conseguenze definitive nel tentativo di risolvere le controversie con un vero desiderio di dialogo e di accordo, attraverso le negoziazioni pazienti ed i necessari compromessi, tenendo sempre in considerazione i requisiti e i legittimi interessi di tutti

---

[29] JEFFREY WASSERSTROM, "Shifting Ground," *Time*, 15 febbraio 2010, p. 52.
[30] MICHAEL SCHUMAN, "The Real Deal," *Time*, 1 marzo 2010, p. 52.

[…]. Al fine di favorire la causa della pace […] bisogna basarsi su convinzioni moralmente ferme, sulla serenità della ragione, (pur essendo questa) talvolta tesa e polarizzata, in una costante ricerca per il comune bene nazionale, regionale e globale".[31]

31

Esposizione. La mediazione aspira all'umiltà (accettando il *mentorship* e la supervisione).

Ecclesiam Suam. "Altro carattere (del dialogo) è poi la *mitezza* […] il dialogo non è orgoglioso, né pungente" (§ 83).

Esemplificazione. "Tutti gli uomini, in comunione con Gesù Cristo, possono essere l'uno per l'altro un mediatore di fronte a Dio […] . Ognuno, infatti, vive nella propria fede, grazie anche ai mediatori umani. – Nessuno, però, di questi mediatori può essere sufficiente per costruire un ponte con Dio, poiché nessun uomo può procurarsi da essa (la mediazione) ciò che offre la garanzia assoluta dell'esistenza e della vicinanza a Dio".[32]

32

Esposizione. La mediazione è educativa (insegna ai mediatori e a coloro che sono in disputa).

Ecclesiam Suam. Il dialogo induce alla "*prudenza pedagogica*, la quale fa grande conto delle condizioni psicologiche e morali di chi ascolta" (§ 84).

Esemplificazione. Parlando dell'Afghanistan: "Uno dei migliori modi di incoraggiare una forte società civile è quello di stabilire, tramite l'educazione, non solo la semplice alfabetizzazione, ma la messa in evidenza di alcuni fondamenti, quali la matematica, la storia, la religione, la letteratura e la politica". Il problema è la "difficoltà di quantificare" i risultati dell'alfabetizzazione[33].

---

[31] Cf. "Pope on the Anniversary of Peace and Friendship Treaty," *Zenit*, 3 dicembre 2009.

[32] "Papal Reflection on Fall of the Berlin Wall," *Zenit*, 6 dicembre 2009.

[33] ARYN BAKER, "Learning Curve," *Time*, 25 gennaio 2010.

33

Esposizione. La mediazione forma e trasforma persone, istituzioni e la società.
Ecclesiam Suam. Il dialogo fornisce un "metodo, che cerca di regolare i rapporti umani alla luce nobile del linguaggio ragionevole e sincero; e nel contributo, di esperienza e di sapienza" (§ 110).
Esemplificazione. Lech Walesa, leader del Movimento polacco di Solidarietà e premio Nobel, attribuì al papa Giovanni Paolo II il "50%" del successo del collasso del Muro di Berlino. Vi è qui un chiaro messaggio "di cambiare il volto del mondo", che significa anche che "l'uomo politico è in grado di cambiare se steso".[34]

34

Esposizione. La mediazione è interdisciplinare, in termini dell'uso della teoria, delle risorse e delle tecniche.
Ecclesiam Suam. "La Chiesa avverte la sbalorditiva novità del tempo moderno" (§ 99); allora la Chiesa "ha un messaggio per ogni categoria di uomini: lo ha per i bambini, lo ha per la gioventù, lo ha per gli uomini di scienza e di pensiero, lo ha per il mondo del lavoro e per le classi sociali, lo ha per gli artisti, lo ha per i politici e per i governanti. Per i poveri specialmente, per i diseredati, per i sofferenti, perfino per i morenti. Per tutti "(§ 99).
Esemplificazione. In preparazione al Sinodo sul Medio Oriente furono inviati dei questionari alle Chiese locali della Terra Santa; il sondaggio, in quanto strumento sociologico, conteneva 32 domande.[35]

35

Esposizione. La mediazione "pulisce", guarisce, perdona e riconcilia in modo intrinseco.
Ecclesiam Suam. "Nessuno è nemico [della Chiesa], a meno che non voglia egli stesso esserlo. [... Tuttavia la Chiesa] è incaricata di promuovere nel mondo l'unità, l'amore, la pace" (§ 98).

---

[34] "Mur: Lech Walesa tacle Gorbatchev," *AFP/Associated French Press*, 9 novembre 2009.
[35] "Survey to Prepare for Mideast Synod," *Zenit*, 26 gennaio 2010.

Esemplificazione. In Malaysia, due giornalisti musulmani, che fingevano di essere credenti cristiani, hanno sputato l'ostia e hanno immortalato questo loro atteggiamento per ridicolizzare le credenze cristiane.

Il risultato fu una severa protesta da parte della gerarchia cattolica e le scuse da parte della rivista musulmana, per la quale lavoravano i giornalisti.[36]

36

Esposizione. La mediazione è sempre consapevole dell'importanza dell'etica nella ricerca dell'impegno con la gente.

Ecclesiam Suam. Il dialogo "esclude infingimenti, rivalità, inganni e tradimenti; non può non denunciare, come delitto e come rovina, la guerra di aggressione, di conquista o di predominio" (§ 110).

Esemplificazione. Winston Churchill una volta aveva commentato che in tempo di guerra, "la verità è così preziosa che deve essere sempre assistita da una guardia di bugie".[37]

37

Esposizione. La mediazione è auto-orientata.

Ecclesiam Suam. Ci riferiamo al dialogo come ad un "primato del servizio" (§ 114), e "intendiamo l'esercizio dell'autorità tutto pervaso dalla coscienza di essere servizio" (§ 119). "Il clima del dialogo è l'amicizia. Anzi il servizio." (§ 90).

Esemplificazione. Il 10 novembre 2009, un'esplosione in un mercato affollato vicino a Peshawar (Pakistan) ha ucciso 34 persone. "Gli estremisti hanno attaccato la regione in un'azione di rappresaglia per l'attacco dell'esercito pakistano contro i combattenti talebani nel Sud Waziristan, un'enclave militante lungo il confine con l'Afghanistan." Dagli inizi dell'ottobre, i bombardamenti hanno ucciso più di 350 civili pakistani.[38]

---

[36] "Muslim magazine apologizes for offending Catholics," *Zenit*, 10 marzo 2010.
[37] LANCE PRICE, "War Wounds," *Time*, 1 febbraio 2010, p. 44.
[38] "The Onslaught Continues," *Time*, 23 novembre 2009, p. 12.

38

Esposizione. Salvare il profilo umano è un aspetto importante della mediazione – un'altra forma per "conservare" le relazioni e difendere la dignità e la reputazione.

Ecclesiam Suam. "Bisogna, ancor prima di parlare, ascoltare la voce, anzi il cuore dell'uomo; comprenderlo, e per quanto possibile rispettarlo e dove lo merita assecondarlo" (§ 90).

Esemplificazione. "L'ironia degli sforzi di Obama si trova nel loro ridimensionamento. Egli all'inizio aveva bisogno di un cricchetto per porre fine ai conflitti – inviando più truppe in Afghanistan e, forse, spingendo verso l'adozione di nuove sanzioni contro l'Iran – affinché ottenesse quell'azione diplomatica muscolare che gli permettesse di concludere accordi che non assomigliassero ad un'infame sconfitta americana".[39]

Conclusione

È importante che la mediazione non sia vista come un semplicistico e conveniente strumento ripiegato su ciò che continua a dividerci. In questo caso, i problemi persisteranno ancora nel futuro. La mediazione, piuttosto, unisce i punti di forza e di debolezza e rappresenta una sfida continua, sfida che consiste nel dialogo: affinché ci avviciniamo l'uno all'altro in modo confidenziale e con la volontà di creare una fiducia reciproca, un atteggiamento di accettazione tollerante e uno spirito di dedizione alla speranza.

---

[39] PETER BEINART, "Shrinking the War on Terrorism," *Time*, 14 dicembre 2009, p. 27.

Indice

Prefazione
L'identità in dialogo   5

S.E. Card. Jean-Louis Tauran
L'identità cattolica nell'incontro interreligioso
Perché e come la Chiesa si mette in dialogo   7

Michael Sievernich S.J.
La missione cristiana
Identità perduta e ritrovata   17

Andrea Di Maio
Teo*logia* come Dia*logia*
*Modelli di dialogo interreligioso nel Cristianesimo antico
e medievale*   37

Harvey Cox
Svuotare se stesso – testimoniare con coraggio
Un approccio kenotico all'identità religiosa   71

Alberto F. Ambrosio O.P.
Concezioni mistiche dell'identità personale
Impulsi sufi per vivere la differenza oggi 81

Bernard O'Connor
Identità compromessa?
Come la mediazione facilita il dialogo 99

DOCUMENTA MISSIONALIA
Collana della Pontificia Università Gregoriana

37 PRECKLER Ferdinand Guillén
Dieu dans la littérature africaine

2012 • pp. 128
ISBN 978-88-7839-218-2 • € 20,00

L'analyse théologique des œuvres littéraires revêt un intérêt non négligeable pour la connaissance et l'évangélisation des cultures. Le présent essai s'inscrit dans cette ligne en analysant trois romans majeurs de la littérature africaine du 20e siècle: Les bouts de bois de Dieu d'Ousmane Sembène, L'aventure ambiguë de Cheikh Hamidou Kane et Le pauvre Christ de Bomba de Mongo Beti. Les trois auteurs jouissent d'une spéciale renommée dans le vaste panorama de la littérature africaine. Nous notons la présence de deux sénégalais et un camerounais, notre travail étant limité à ces pays. D'autre part ils représentent différents univers spirituels and culturels. Ousmane Sembène a été un auteur prolifique et aussi un directeur de cinéma. Il représente la littérature engagée et sociale. Cheikh Hamidou Kane provient de la tradition islamique du Nord Sénégal; il a assumé de grandes responsabilités politiques et culturelles depuis le temps du président Senghor. Avec lui, nous côtoyons le drame de l'Afrique aux prises avec la culture occidentale. Mongo Beti est un camerounais inquiet qui a milité dans l'opposition et a connu l'exil. Éduqué dans les missions catholiques, il est devenu un opposant à la foi, attaché à la gauche française, mais avec une inspiration profondément africaine. À travers ces pages, nous nous proposons de poursuivre de façon très modeste le chef d'œuvre de Charles Moeller, véritable pionnier de l'analyse théologique des productions culturelles, et nous rapprocher ainsi de la première génération africaine qui a connu la foi chrétienne. Cela pourra rendre un service efficace au moment de la "nouvelle évangélisation" demandée par Africae Munus (nn. 159-171).

www.gbpress.net

DOCUMENTA MISSIONALIA
Collana della Pontificia Università Gregoriana

36   LUSALA LU NE NKUKA Luka SJ
Jésus-Christ et la religion africaine

2010 • pp. 192
ISBN 978-88-7839-168-0 • € 25,00

La question qui traverse la présente étude est la suivante: est-il possible de retrouver dans la religion africaine la structure qui fait l'essence du christianisme, à savoir: l'homme a péché et est dès lors devenu incapable de mener une vie harmonieuse ici-bas et d'atteindre le bonheur éternel dans l'au-delà; Dieu envoie son Fils pour sauver l'humanité, en la faisant passer, par sa mort et sa résurrection, de la mort à la vie? En analysant et en comparant les mythes égyptien d'Osiris, peul de Gueno, yoruba d'Obatala, rundi de Kiranga, kongo de Nzala Mpanda et l'hymne christologique (Ph 2, 6-11), l'auteur découvre que la religion africaine possède effectivement la grammaire du salut chrétien. De ce fait, il arrive à la conclusion que la religion africaine constitue pour les Africains une sorte de chemin vers la rencontre avec Jésus-Christ dans le christianisme historique; rejoignant ainsi l'affirmation de saint Augustin selon laquelle «la réalité même que l'on appelle maintenant la religion chrétienne existait jadis, même chez les anciens; dès les origines, elle n'a pas fait défaut au genre humain jusqu'à ce que vienne le Christ dans la chair» (*Les Révisions*, XIII, 3).

www.gbpress.net

STUDIA MISSIONALIA
Collana della Pontificia Università Gregoriana

61   AA. VV.
Witness and Sanctity, at the heart of all evangelization

2012 • pp. 456
ISBN 978-88-7839-225-0 • € 80,00

A cura della Facoltà di Missiologia della Pontificia Università Gregoriana, ogni volume, di circa 300/350 pagine, pubblica studi riguardanti: Islam, Buddismo, Induismo, Etnologia Religiosa, Rivelazione, Culto e Rituale, Preghiere, Meditazione, Mistica, Morale e Religione, nel Cristianesimo e nelle altre religioni.

Published by the Faculty of Missiology of the Pontifical Gregorian University, each volume averages 300/350 pages and contains subjects such as Islam, Buddhism, Hinduism, Religious Ethnology, Revelation, Worship and Ritual, Prayers, Meditation, Misticism, Morals and Religion, in Christianity and other religions.

www.gbpress.net

STUDIA MISSIONALIA
Collana della Pontificia Università Gregoriana

60 AA. VV.
The Society of Jesus and evangelization

2011 • pp. 432
ISBN 978-88-7839-193-2 • € 80,00

A cura della Facoltà di Missiologia della Pontificia Università Gregoriana, ogni volume, di circa 300/350 pagine, pubblica studi riguardanti: Islam, Buddismo, Induismo, Etnologia Religiosa, Rivelazione, Culto e Rituale, Preghiere, Meditazione, Mistica, Morale e Religione, nel Cristianesimo e nelle altre religioni.

Published by the Faculty of Missiology of the Pontifical Gregorian University, each volume averages 300/350 pages and contains subjects such as Islam, Buddhism, Hinduism, Religious Ethnology, Revelation, Worship and Ritual, Prayers, Meditation, Misticism, Morals and Religion, in Christianity and other religions.

www.gbpress.net

Finito di stampare nel mese di febbraio 2013
presso Mediagraf spa - Monterotondo (Rm)